Jul.

财富从哪来

鹤老师 著

北京联合出版公司
Beijing United Publishing Co.,Ltd.

图书在版编目（CIP）数据

财富从哪来 / 鹤老师著 . -- 北京：北京联合出版公司，2022.8（2020.10 重印）
ISBN 978-7-5596-6309-2

Ⅰ.①财… Ⅱ.①鹤… Ⅲ.①经济学—通俗读物 Ⅳ.① F0-49

中国版本图书馆 CIP 数据核字（2022）第 116844 号

财富从哪来

作　　者：鹤老师
出 品 人：赵红仕
责任编辑：邓　晨
封面设计：沐希设计

北京联合出版公司出版
（北京市西城区德外大街 83 号楼 9 层　100088）
三河市冀华印务有限公司印刷　新华书店经销
字数 205 千字　880 毫米 ×1230 毫米　1/32　印张 9.5
2022 年 8 月第 1 版　2022 年 10 月第 2 次印刷
ISBN 978-7-5596-6309-2
定价：65.00 元

版权所有，侵权必究
未经许可，不得以任何方式复制或抄袭本书部分或全部内容
本书若有质量问题，请与本公司图书销售中心联系调换。电话：010-82069336

目　录

前言　财富从哪来 _1

财富逻辑 ──────────

01 切换视角，重塑认知 _01
经济是怎么发展的 _02
机会成本决定价格 _06
人口红利是谁的红利 _12
请让全世界的人都比我聪明 _15
金牌背后的经济学 _19
有钱就等于变富吗 _28
不挣钱的真正原因 _31
为什么要学经济学 _35
穷困一生的五个毛病 _40

02 用头脑赚钱，而非时间 _45
自由竞争不是内卷 _46
内卷都在哪些行业 _52
剧场效应和无效竞争 _55
做减法才是真本事 _62
不同的产品，不同的策略 _65

低成本的炼钢方法 _69

裁决权远比对错重要 _72

独立思考的重要性 _75

奇葩制度的背后利益 _82

富豪们的真实财富 _85

真正的辩论什么样 _88

问题即答案，传播即人性 _91

给未知一点点时间 _94

商场如战场，内行看门道 _97

娱乐产业的大阴谋 _100

财富趋势

03

看准趋势，抓住风口 _105

元宇宙本质是什么 _106

短视频到底有什么用 _109

学习的诅咒是什么 _112

短视频体量有多大 _115

现在做短视频晚不晚 _119

普通人的风口在哪儿 _122

你的生活没人在意 _127

短视频为何异军突起 _130

为什么微信不做进度条 _133

04 洞察商业，预判未来 _139

躺平是最差的生存策略 _140

新人的机会在哪里 _144

租售比怎样才合理 _147

细分远比总量重要 _150

欧洲经济为何停滞 _154

福利皆有代价，劳动才是美德 _157

为什么法餐上菜慢 _160

为什么日本打车贵 _164

日本汽车北美崛起 _168

什么才是工匠精神 _174

不要盲信极致服务 _178

守护财富

05 赚钱是能力，守钱是本事 _183

为什么总感觉买不起房子 _184

到底要不要买房子 _187

没钱更不要买公寓 _195

贷款买房三条原则 _200

买新区还是买老城 _204

关于楼层的那些事儿 _207

公摊面积的是是非非 _220

被忽视的买房细节 _229

工资涨了是好事吗 _232

房产税到底难在哪儿 _236

买房能不能抗通胀 _239

旅游地产谁买谁亏 _253

旅游地产商业悖论 _257

怎样把房子卖个好价 _263

06 君子藏器于身，待时而动 _269

结婚不要去买钻戒 _270

什么是高质量储蓄 _273

怎样正确对待金钱 _277

越没本事，越搞关系 _281

不要搞错种子用户 _284

更隐蔽的时间杀手 _287

一生中的三种机会 _291

前言
财富从哪来

财富不是一个数字，财富是一整套体系。它由三个点组成，忽略任何一点，结果都会大打折扣。

第一点，框架。

赚钱的前提，就是先不要着急赚钱；玩游戏的前提，就是先不要去着急打打杀杀。你进入任何一个行业，首先要研究的，是框架和规则。看懂了游戏规则，你才能尽可能地玩到通关。否则这个门后面有什么，地上有没有陷阱，那个怪兽的弱点在哪儿，你统统不知道，那就一定会出问题。

这就是框架的作用。

很多人为什么赚不到钱？因为他们太着急挣钱了，他们意识不到框架的重要性，他们只是想得到一个答案，到底干什么能来钱快。

这种急功近利的心态，让他们特别容易被"割韭菜"。

好不容易挣点钱，一交加盟费，又花出去了。

只有明白了游戏规则，你才会知道，有些选择，压根儿不用看。

第二点，执行。

框架不能停在理论，你得把它用起来。

比如说，赚钱最关键的是什么？

是超越对手。

那怎么才能超越呢？两条路：要么你在这个行业做得特别牛，比如你有核心技术；要么你选一个对手都特别普通的领域，比如说短视频。

问题就在于，如果你觉得你的行业很难挣钱，那就说明你没有核心技术，你唯一的选择，是第二个。

当大多数人都不懂、都不会，甚至都不愿意做的时候，才是你的机会。

前提是你得做，你得行动起来，你不能畏首畏尾。

"临渊羡鱼，不如退而结网"，都知道当年下海赚钱了，可是在当时，有几个人敢离开自己的舒适区，有几个人敢在离职申请上郑重签下自己的名字，说以后养老、医疗我自己负责，一切与本单位无关？

是趋势，就去做；不懂的，就去学，难道短视频比当年离职下海还要难吗？

选择，才是拉开差距的关键；风向，比你流的汗水要重要一万倍，逆风划船要累死人的。

只有风口还不够，因为再大的风，也有停的一天；再强壮的拳击手，也有老去的时候。

第三点，守护。

赚过钱，你就会发现一个可怕的事实，那就是——你不能停，不仅不能停，你还得越来越快，你一慢，对手就会超过你；你一停，现金流就会立刻归零。

问题在于，没有人能保证永远领先，没有人能保证永远精力旺盛，你一定有慢下来的时候，一定有停下来的那一天，好，停了之后呢？

要知道，人生只有 1/3 的时间在挣钱，你需要用有限的劳动来平摊你整个人生的开销，这就是守护的重要性。

就像一个浴缸，不管你多能装水，下水阀是万万不能漏的，否则你将前功尽弃。

而守护的第一要义就是稳定，就是不需要你盯着，你哪怕完全不管它，也绝不担心哪天回来水会少了半缸。

很多人恰恰是这个环节出了问题，他们把攻当成了守，他们自以为是在理财，看着曲线涨涨跌跌，提心吊胆地盯了一年，最后一算，还亏了 20%。

真正的智慧，在于无为。

利用趋势的力量、利用通货膨胀的力量，通过切换财富的存储方式，将你的劳动变成不能超发的核心资源，一劳永逸地享受判断的红利。

所谓以末致财，用本守之。

财富，是一整套体系。

财富逻辑

01

切换视角,重塑认知

经济是怎么发展的

经济到底是怎么发展的，经济到底是怎么一回事？我们今天就以一个最简单的方式说明白。

从1.0到5.0，坐好了。

先说1.0。

假设地球上只有一个人，张三，他自己种田养活自己。

那经济是什么？是张三的收成。

收成好，经济就好；收成差，经济就差。

非常简单，好，接下来是2.0，如果他想让经济发展得更快一点，应该怎么办？

答案是种更多的粮食。

但这个时候就出现差异了。具体一点，有三个选项：第一个，勒紧裤腰带，只吃10斤，剩下90斤当种子；第二个，吃掉50斤，剩下50斤当种子；第三个，吃掉50斤，酿酒40斤，剩下的10斤当种子。

好，三个不同的选择，经济的增速就出现差别了。

吃是什么？是消费。播种是什么？是投资。

可麦子一共就100斤，用在吃喝上，就没法用在播种上，消费了，投资就没有了。

回顾这三个选项，哪个经济会发展更快？答案是第一个。

把消费压缩到最低，把投资开到最大，这样才会在更长远的地方有更多回报。

这个就是2.0的版本，想让经济更快地发展，就需要把更多的资源用于生产，而不是消费。

接下来是3.0。

假设一开始就不止一个人呢？一开始就有李四、王五、赵六呢？

比如李四养鱼、王五打猎、赵六织布。

这样就产生了交换，每个人只需要专注自己的一部分，就可以让效率更高。

张三的粮食吃不完，可以换李四的鱼；王五的兽皮用不完，可以换赵六的布。

每个人都可以专注自己擅长的，每个人都可以换自己更需要的。这样一方面可以提高效率，提升总量；另一方面可以产生交换，提升效用。

效率提高了，总产量就增加了，经济就更快了。

交易频繁了，总产量虽然没变化，但是物尽其用了，总财富也提升了。

这个就是 3.0 的版本，分工提高效率，交换增长财富。

那 4.0 是什么呢？

比如张三如果想扩大产量，但是现有的模式已经达到极限了，怎么办？比如种田就得有水，可是水不够，产量就上不去。这个时候，他可以修一条水渠，比如雇用一些人，把之前省吃俭用下来的粮食作为酬劳分给大家，大家帮他干活，他给大家吃的。

这样的结果是把之前的存粮都吃完了，但是多了一条水渠。这个水渠虽然现在不能产生收益，但是来年可以增加产量，可以收更多的粮食。

这个水渠是什么？是生产工具。修水渠的过程，就是迂回生产。

他不直接参与生产，但他的每一步都是为了更好地生产。

迂回生产越多，粮食产量就越大，经济发展就越快。

好，明白了这个，那 5.0 又是什么呢？

还是这个张三，他还想再修一条水渠，就需要继续雇人，给人家粮食当酬劳。问题是，他之前的粮食都分完了，该怎么办？那水渠还修不修了？

不修的话，粮食产量就上不去；修的话，酬劳又不够，人家不肯干，怎么办？

答案是时空互换。

他可以告诉别人，你们先帮我修，修好了，粮食丰收了，我加倍给你们，你们看我这一块地，我说话是算数的，真给不了你们粮食，到时你们可以把我的地分了。这样大家就相信了，就会给他干活，水渠就能提前修起来了，粮食产量就能更多了。

时空互换是什么，是金融，现阶段力量不够，那就调用未来的力量。

金融的力量越强，越能服务实体，经济发展就越快。

这就是 5.0 的版本，借用未来。

所有的经济，无论多高大上，归根结底就是这些环节不停地放大、不停地复制。每一个环节越充分越高效，经济发展就越快。

经济到底是怎么回事，明白了吧？

机会成本决定价格

猪心为什么比猪肝贵呢？有人说不为什么，它就是贵呀。不对的，我们要找到本源才行，习惯不等于本源。

就像瓦特小时候问他奶奶，为什么水烧开了之后，蒸汽会把茶壶盖顶开，他奶奶说：因为水烧开了。

这种是习惯，并不是本源。

和蒸汽一样，这个问题看似简单，其实非常难。

有一个说法叫劳动量决定价值，这个是经济学家大卫·李嘉图提出来的，他说这个东西值多少钱，是因为我付出了多少劳动量。付出得多，它就贵；付出得少，它就便宜。

好，那我问你，一头猪的猪肝、猪心一起长，劳动量没有任何区别，那请问为什么猪心要比猪肝贵？这就是我们今天要讲的，明白了这一点，你会理解一切价格的本质。

有人说因为猪肝大、猪心小，所以就贵。有人说营养价值不一样，所以就贵。

但这些说法都能找到反例呀，比如里脊肉比猪肝大，为什么比猪肝还要贵？散养猪和圈养猪营养价值几乎一样，为什么散养猪要贵？

这些解释都是错的，价格不是由劳动量来决定的，之所以这么觉得，是因为你被干扰了。

在讲明白这个问题之前，我们需要讲一个研究方法，就是找特例，排除干扰。

很多时候我们觉得对，并不是真的对，而是被干扰了。这些干扰因素造成了错觉，让你觉得好像是这么回事。只要找到特例，找到这个说法解释不了的情况，就能挖掘到更深一层的本源。

比如，原来大家觉得地球是平的，那特例是什么呢？远方的船只。既然地球是平的，那为什么远方的船只先看到桅杆呢？地平说就解释不了，整个理论岌岌可危。

又如，原来大家觉得树长大是因为吸收了土，但是有人发现放在花盆里的植物也越长越大，但土一点没减少。后来大家发现，问题不在于土，而在于光合作用。这也是一个特例。

最经典的是物理学的自由落体实验。以前大家观察重的东西下落快，然后得出结论，下落速度和重量有关。比如铅球比羽毛重，下落速度就比羽毛快。

因为它特别符合直觉嘛，重等于快。其实不止你，在17世纪以前，很多科学家都是这么认为的，比如古希腊的科学家亚里士多德。

现在我们知道它是被干扰了，被空气干扰了，少考虑了一个因素，所以得出的是完全错误的结论。

那后来大家是怎么发现真相的呢？

他们需要找一个特例，尽量排出干扰，定位出真正的原因。

这就是伽利略的自由落体实验。他找了大小两个铅球，重量一个是另一个的十倍，预言会同时下落，结果果然同时落地。所有人都惊呆了，为什么重量悬殊但是下落速度完全一样呢？这一个特例就推翻了整个理论。

后来大家才明白：羽毛之所以下落慢，是因为空气的干扰太大。

要尽量找到一个场景，尽量减少空气的干扰，才能尽量接近本源。

好，明白了这个，我们再回到经济学当中。还是同样的思路，我们能不能找到一个特例，把干扰因素给分离出来呢，也就是在一个更简洁的环境中，判断出真正的影响因素呢？

可以。

比如说口罩，同样一个口罩，你平时可能卖五毛钱一个。但是，在感冒流行的时候，口罩就会涨价，比如一块钱一个。它的制造成本没有任何变化，运输成本也没有任何变化，请问它为什么会涨价？高出来的价钱是怎么回事？

因为机会成本导致。所谓机会成本，就是消费者愿意为它付出的代价。在感冒没有流行的时候，被传染的风险很小，口罩可戴可不戴，不戴也不会损失什么，机会成本低，迫切度低，这个口罩也就值五毛钱的代价。可当感冒流行的时候呢，如果不戴口罩会导致感冒，可能会打针吃药，可能会耽误工作、生活，会损失很多钱和精力，机会成本升高，迫切度就变高了，这个时候，为了防止被传染，人们愿意付出的代价就多了。

一旦消费者需求迫切度增加，就意味着商家的机会成本也提高了。

通俗来讲就是：他原本卖一块钱也有人买，如果他还卖五毛的话，就会感觉自己少赚了。

对于商家来讲，真正影响定价的，也是机会成本。

就是定价要根据消费者的接受度，他们能接受多少，商家就定价多少。

但是为什么商家会通过历史成本去制定价格呢，比如他们分析原料、分析流水线、分析运费，最终核算出来成本价，然后再加点钱作为利润，为什么大多数情况下他们经常这么定价呢？

因为信息费用太高，也就是在一个非常复杂的商业体系当中，他很难知道千千万万消费者的需求迫切度到底是多少，他也不可能一个个去调查，就算他去调查，费用也会高到难以承受。在这种信息成本极高的前提下，大家会借鉴历史成本来定价，就是怎么着我也不能赔钱吧，然后再加点钱作为利润。大多数情况都是这样。

考虑到高昂的信息费用，历史成本就是一个综合更优的方案。

所以很多商家会依据成本来定价，因为方便计算。

当感冒大范围来临的时候，情况瞬间就发生了变化，因为它的信息费用变成零了，不用想也知道大家对它的需求特别特别迫切。这个时候，商家就不再需要用历史成本来衡量它的价格了，他知道涨价你也会买，因为你特别需要。在这种情况下，商家就会采用机会成本来定价，就是无论成本多少钱，明明可以卖贵一点，他就不愿意卖五毛了，于是价格就会上涨。

在这种特例情况下，机会成本和历史成本就分离开了，历史成本没变，但是机会成本变了，大家才发现真正决定价格的是机会成本。只是很多情况下机会成本难以核算，才使得很多人采用历史成本来参考。

到这里我们要总结一下，任何依靠劳动量来决定价格的都是错误的。一件商品能卖多少钱，取决于机会成本，就是消费者为了它能付出多大的代价。

明白了这一点，我们可以看一下经典的李嘉图悖论，经济学家李嘉图认为劳动量决定价值，这也是古典经济学一致的看法。但是后来有一个人跟他说，我生产了两瓶葡萄酒，一瓶卖了10英镑；另一瓶呢，我在地窖里放了5年，然后卖了30英镑，请问那多出来的20英镑是从哪儿来的？

该怎么解释？这个时候你用历史成本解释不清楚，因为这两瓶葡萄酒的历史成本几乎是一样的，那么你只能从机会成本来讲。就是大家对这种酒的偏好更高，他们愿意为陈年酒付出更大的代价，于是商家的机会成本就提高了，所以定价可以多20英镑。

我们回到猪肝和猪心的问题，也是同样的道理。我不管你的历史成本是多少，不管你拿什么喂的，这跟我没关系。价格是由千千万万个消费者的需求来决定的。消费者认为这个猪心更好吃，对它的需求更高，愿意为它付出更高的代价，它就可以卖得比较贵，哪怕劳动量完全一样。

这样我们就用物理学的方式来研究了一个经济学的问题。方法就是找特例，让历史成本和机会成本分离，最终发现在没有信息成本干扰的情况下，真正决定价格的是机会成本。就像在没有空气干扰的情况下，真正决定落地时间的是重力加速度。

这是一篇非常重要的文章，它足以解释任何关于价格的争议，你可以尝试用机会成本解释各种价格现象。

比如，有人说大城市房价高是因为政府卖地的价格高，如果不收土地出让金，价格就会降下来，请问对还是不对？

人口红利是谁的红利

大家总说的人口红利，你得分清是谁的红利。人口多当然是红利，但不是劳动者的红利，而是老板的红利。

而且这种红利会被滥用，会把人力当成消耗品。你想啊，如果劳动力充足且便宜，那很多人根本没有动力去搞产业升级，就像在印度，人比牛便宜，很多地方就会用人耕地，不会用牛。

找工作的人多了，老板就会压价，你不干有人干啊。最后呢，大家就都挣不到钱。

后来用工荒了，人力不够了，老板着急了，你看，工资也涨上去了。

所谓的人口红利，只是老板的红利，对劳动者而言并不是好事，反而被压低了工资。

请问对还是不对，为什么？

这是非常伤脑筋的，很多人绕进去就出不来了。你是不是也觉得有道理，又觉得好像哪里不对？

先公布答案：当然是不对了。

你就反问一句：既然是老板的红利，你咋不去当老板呢？

不要说你没钱，没钱可以借啊，红利嘛。

不要说你没经验，没经验可以学啊，红利嘛。

好，地上都这么多钱了，你为啥不去捡呢？

因为有风险啊，因为不确定能挣到钱啊，因为可能会血本无归啊。

抢个红包几块钱，大家都趋之若鹜，因为是确定的，你的下限是零。

人口红利遍地是黄金，大家为什么不去呢，因为是不确定的，你的下限是负无限大。

整个问题的陷阱在于，它一开始就把你定义为打工者。

如果打工者的收入真的被低估，你为什么不去当老板呢？你为什么不去挣那个差价呢？

别的老板给得少，你多给点不就行了，自己能赚差价，还能提高别人的收入。

为什么不去啊，因为你心知肚明，当老板是有风险的。

很多人被情绪化的文章直接带沟里了。

它告诉你当老板挣钱多，但它没告诉你，当老板亏钱也多呀。

它告诉你资本回报超过劳动回报，但它没告诉你，资本的亏损也是超过劳动的亏损的。

这个新闻你肯定看过，3000吨茶叶被淹，那个老板，一个50多岁的大老爷儿们失声痛哭。一夜之间损失了9000万元，怎么办？欠了这么多茶农的钱，你说怎么办？

凡事都是矛盾的，无非是看你愿意用多大的风险换多大的收益。如果没有风险全是收益，那竞争对手一定就会把利润拉平。

这是经济学的铁律，没有例外。

世界永远是公平的，你想得到什么，先看看你能放弃什么、你能承受什么。

很多人陷在坑里，处处觉得别人在坑他，从来意识不到自己是错的。

他们觉得老板赚苦力的钱，却不知道所有靠苦力赚钱的行业，都在被工业机械和流水线吊打。

他们觉得老板可以逼自己干活，却不知道人是可以脑力偷懒的，想激发员工潜力，就必须让他发自内心地认同。

如果逼迫一个人就行，那奴隶社会应该是发展最快的。

得多么缺乏常识，才觉得老板可以随心所欲。

你仔细想想，当年的用工荒是怎么出现的？红利还是那些红利，人还是那些人，怎么突然就荒了呢？

因为另外一批老板出现了，另外一批老板来抢红利了。大家都去送外卖、送快递、开网约车了，大家不用坐班、坐工厂，不用像机器人一样流水线作业，时间更自由，收入还比之前高，这才出现了所谓的"用工荒"。

老板与老板之间相互竞争，劳动者待遇才能不断提升，这才是正确的因果。

认知若是偏航，人生注定是苦海。

请让全世界的人都比我聪明

如果有人比你勤奋，比你聪明，比你努力，还比你有天赋，请问，你应该怎么办？

应该鼓掌啊，这样的人越多越好啊。

如果他比我聪明还比我勤奋的话，那不就把我的钱赚完了，那我的生活不就变差了？

不对的，我给你看一张照片。

这是堪称物理学史上最牛的一张合影，拍摄于 1927 年，这张合影会集了全球 1/3 顶级的大脑，其中就包括大名鼎鼎的爱因斯坦、普朗克、居里夫人、薛定谔、洛伦兹、玻尔等。照片里一共 29 个人，其中有 17 个人获得了诺贝尔奖。

这里的每一个人都无比勤奋、无比聪明，每一个人都比你努力，还比你有天赋。

图 1-1

那如果这样的人再多一点,多10倍,多100倍甚至多1000倍,到处都是顶级精英,对面住着爱因斯坦,楼下居里夫人,出门右拐乔布斯,请问人类是变好了还是变差了?

可能你会说:"哦,我不是这个意思,我是说如果都比我聪明的话,不就把我赚钱的机会抢走了?"

你可能对钱的理解有误区。

钱不是一个消耗品,钱是像水一样源源不断的,有的时候是水分子,有的时候是冰,有的时候是水蒸气。它是一个媒介,是消耗不完的,它仅仅是一个符号。

整个社会不是钱多就是富,而是效率高才会富。

社会是一个机器,不同人是不同的零件,大家相互协作,提高效率,整个社会能以什么样的生产力产出,才是关键。

爱迪生发明了电灯、贝尔发明了电话、瓦特改良了蒸汽机、卡尔·本茨发明了汽车、莱特兄弟发明了飞机，聪明的人越多，优秀的人越多，比你勤奋、比你努力的人越多，整个社会的效率就越高，社会当中的每一个人就越受益。

观察商业模式，你会发现也是一样的。比如，快递、外卖、网约车这些行业，以前是没有的，那请问这些人从哪儿来的？答案是从其他行业虹吸过来的。以前大家在工厂打工，一天十几个小时，非常非常辛苦，像机器一样做重复性劳动，而且收入还低。新的模式出来之后，大家发现，送个外卖、送个快递、跑个网约车，比工厂更自由，比工厂更轻松，挣得比工厂还要多，自然就被虹吸过来了。

所以，工厂现在招工难，以前是排着队让老板挑，现在是老板打电话求你去。

商业模式是相互竞争的，谁有更高的效率，谁能开更多的工资，谁才能招到人。

而你，只需要选那个挣钱最多的就行了。

哪怕你不思进取，收入也会节节攀升。

可是如果每个人都比我聪明的话，那还需要我干吗？

我就是个普通人，没啥特长，谁会看上我？那我不就失业了吗？

不会。你不仅不会失业，而且会越来越好。

这就是我讲到的比较优势。

凡事都是在竞争的，你和他在竞争，但是你别忘了，他的不同技能也是在相互竞争的。他只有一个人，时间只有一次，他做了这个就做不了别的，所以他必须做一个取舍，做最赚钱的那件事，然后把次要的事情交给你，哪怕他做得比你好。

最简单的例子是，你为什么要雇保洁阿姨，有可能你自己做保洁比她做得还干净。

因为你的时间只有一份，只能花在更重要的事情上。

这就是比较优势的原理，永远记得，竞争无处不在，时间永远稀缺。

再回到开头的问题，有人比你聪明还比你勤奋，请问，你应该怎么办？

鼓掌啊，这样的人越多越好，请让全世界的人都比我聪明。

金牌背后的经济学

压抑已久的金牌梦

为什么中国人可以在奥运会上拿那么多金牌,但是足球、篮球、世界一级方程式锦标赛(简称F1)的赛场上很少见到我们的身影?

是我们只擅长某些项目,还是说我们缺乏团结精神?

今天,我来告诉你背后的真相。

其实我们不仅是金牌数量多,如果你仔细观察,还会发现,女运动员的金牌通常是多于男运动员的。

为什么会这样?这得从金牌的意义讲起。

新中国成立前,中国一直是一个体育弱国。

1936年柏林奥运会上,我国申报了近30个项目,派出了69名运动员的代表团,除了撑竿跳进入复赛,其他运动员初赛就被淘汰了。

对于当时的中国来讲，我们迫切需要一块奥运金牌来振奋国人的精神。

当时的方案是在全国范围内调动资源，由国家出钱来配置教练和设施，层层选拔出最好的体育苗子，然后集中培养，这样的好处是纪律严明，训练刻苦，运动员天赋极高，求胜欲望极强，这些都是比赛中制胜的关键。

只有努力还不够，还需要策略。我们采用了老祖宗的智慧：田忌赛马。就是在竞技水平差距很大的情况下，我们优先发展那些国外水平低、起步晚、竞争弱、群众基础差的冷门项目，才有可能获得更多金牌。

而且这样还有一个好处，就是可以把每一分钱用到极致。当年我们缺钱呀，都是大家一点点省出来的，同样的100万元，花在跳水和大型球类上，效果是完全不同的。

后来证明这个策略非常成功，在压抑了多年之后，1984年洛杉矶奥运会上，27岁的许海峰拿到我国第一枚奥运金牌。当时中国队越战越勇，一口气拿了15枚金牌，还出现了像李宁这样的传奇人物。

之前从来没拿过金牌，结果一拿就是15枚，消息传回国内，当时举国沸腾。

可是冷静思考之后，你会发现一个严肃的问题。

对，当时东欧的很多体育强国出于抵制美国的原因没有参加奥运会。

好，那如果他们参加呢？

结果 4 年之后的汉城奥运会，我国仅拿到 5 枚金牌。这个反差让很多人接受不了，甚至说派出去的运动员没本事，没尽力，给国家丢脸了。

面对这些激烈的情绪，大家发现，就是虽然很多人还不太懂运动，连规则也不清楚，可是到比赛的那一天，很多人都会问，谁赢了，拿了几枚金牌？

金牌 = 自豪感。

我们需要用更多的金牌来鼓舞人心，问题就在于，怎么做？经费是有限的，怎么做？

答案是继续优化，把田忌赛马发挥到极致，把有限的力量集中再集中，去攻打最薄弱的几个环节，让投入产出比达到极致。

而其中的重点之一，就是女子项目。

因为大多数女子项目发展时间更短，而且有能力投入的国家更少，如果我们举全国之力培养更多的女运动员出来，就会有更高的概率夺冠。

1995 年，国家体委发布了一个《奥运争光计划》，有人总结了五个字："小、巧、难、女、少"，就是重点发展小球项目、技巧性项目、难度大的项目、女子项目和参与人数少的项目。

用众多小众项目的金牌，去弥补大众项目金牌的缺失。

体育项目的观赏性有区别，关注度有区别，可是竞技精神没区别，金牌重量没区别啊。

从今天的结果来看，《奥运争光计划》执行得非常到位。我国在奥运金牌榜上稳步前进，女子项目更是成为我国代表团夺金摘牌的主力，金牌数已经多届超过男子项目。

所以，当你为一枚枚金牌欢呼的时候，当你为运动员感到自豪的时候，别忘了，背后也有田忌赛马的智慧。

不过，老祖宗的智慧，在其他比赛项目上，就显得无能为力了。

体育赛场的吸金兽

我们能拿这么多奥运金牌，可为啥足球不行呢？

我们没有团队精神，所以足球不行。

我们擅长什么呢？小球。乒乓球、羽毛球、单打双打混合双打，一到团队，就不行了。

听到这种话，你笑笑就好了。

没有团队精神，那完全是瞎扯。任何一个运动员，背后都是一个团队，你要说团队精神，可以去看看我国女排、女足，这个不用讨论的。

我知道你还憋着一口气，可为什么我们的足球、篮球和世界一流水平差距这么大呢？

而且不仅是团队项目，很多单人赛场也很少有我们的身影，比如F1、温布尔登网球锦标赛（简称温网）、高尔夫球巡回赛，为什么？

真的是我们能力差、天赋欠缺，还是说不够努力？

其实都不是。

网上的很多解释都是鸡毛蒜皮，看清这个问题，你需要一个更大的框架。

我们完整地讲过，之所以能够在奥运项目上取得好成绩，是因为我们发挥了举国体制的优势，运用田忌赛马的策略，在经费有限的情况下，主攻对手最薄弱的环节，达到了四两拨千斤的奇效。

可任何策略都不是完美的，意味着这个策略的反方向，恰恰是我们最薄弱的环节。

比如，大球项目、力量型项目、难度低的项目、男子项目、参与人数多的项目，这些年的发展不尽如人意。

你仔细看着五个标准，男子足球符合四个。

这就是薄弱环节。

田忌赛马，你再怎么比，也赢不了对方最强的那匹马。

要啃下这个硬骨头，仅仅靠策略和努力是远远不够的。它还需要第三个条件，恰恰是这个条件，非常非常难。

你仔细观察这些项目，不论是美国职业篮球（NBA）、世界杯、温网、F1，还是高尔夫球巡回赛，都有一个显著的特点：商业运作极度发达。

简单来说就是烧钱，商业的力量很恐怖的，烧起钱来像发疯一样。

比如，世界上最烧钱的20个项目里有11个是足球，其中排名第一的是大名鼎鼎的世界杯，第二是欧洲杯，第三是欧冠，第四是英超。

我们不是没有，但是非常非常少，比如西甲排名第5的有武磊、温网排名 15 的有李娜、NBA 排名 20 的有姚明，这就是我们的短板。

在这些商业运作高度发达的比赛中，我们还有很长的路要走。市场化的力量会造就一大批极度专业的职业选手，因为职业比赛是商业行为，有超高的门票收入、赞助费、广告费等，这些利润会源源不断地虹吸顶尖的人才。

那些超级球星的年薪都是以亿为单位，注意，时间是年，单位是美元。

比如，梅西 1.27 亿美元、C 罗 1.09 亿美元、内马尔 1.05 亿美元。

F1 之神舒马赫，职业生涯总收入 7 亿欧元。

高尔夫球之神泰格·伍兹，职业生涯总收入超过 13 亿美元。

这就是个钱的游戏，看谁的钱多，谁的商业化能力强，谁有能力调集更多的资源，看谁最能虹吸那些顶级的人才和团队。

在这种情况下，如果仅仅依靠国家拨款，就非常困难。

首先财务上会面临一个无底洞，而且就算你不计成本，想打败梅西、C 罗这样的极有天赋又极度刻苦的球员，也绝不是一朝一夕能实现的。

那我国足球就没戏了吗？

别着急，我们还有两个其他国家没有的巨大优势。

光芒需要一点时间

我国的足球是不是没戏了？为什么 14 亿人就挑不出几个会踢

球的？

在解释这个问题之前，你需要先知道一个概念：细分人口。

你只看总人口没用，而要看14亿人口当中，有多少是从事足球行业的，这个维度很重要。

现实就是，虽然我们人口众多，但是足球行业的细分人口非常非常少。

我们对比一下英国，虽然只有6000万人口，但是在足球领域，有超过140个联赛和480个组别。而且仅英格兰一个地区，就有超过37000家俱乐部，每年举行的比赛不计其数，还有各种足球社区、足球教育的活动，足球文化极为发达。

我们呢？虽然14亿人口，可一共只有几个联赛和几十家俱乐部。

也就是英国人口总量上只有我们的4%，可是在足球这个领域，细分人数远在我们之上。

不仅如此，因为它的足球产业历史悠久，而且商业运作非常成熟，使得它有充足的资金，可以源源不断从其他国家虹吸顶尖的人才。

其实细分人口并不是最重要的，因为还有一个更深层次的原因。

先问一个问题，足球的本质是什么？

几十个人围着一个球踢，它一不生产，二不织布，请问创造的到底是什么？

是快乐。

大家花钱买的是快乐。

只有生产力高度发达了，吃喝都不愁了，大家才有钱、有时间去享受快乐。

一个国家的足球事业想发展壮大，就必须先有强大的经济基础。

比如英国，18世纪就开始了工业革命，目前人均GDP 4万美元，早早进入了发达国家的行列。而几十年前的我们还是一穷二白，大多数时间考虑的是能不能吃饱饭，而不是能不能踢好球。哪怕经过几十年的高速发展，我们人均GDP才刚刚1万美元，只有英国的1/4。

这个才是深层原因。

有人说，那你解释一下巴西，为啥巴西这么穷，可人家球也踢得挺好啊？

是踢得挺好，可它是有代价的，代价就是经济衰败。

巴西的劳动生产率非常低，因为几乎全民都去踢球了，他们狂热到什么地步呢？就是吃不饱饭我也得先踢球，他们信奉的是快乐文化，快乐第一位，吃饭第二位。全民踢球，男女老少，不干活，大家踢球。

这样的结果是细分人口确实多了，球也确实踢得挺好，可经济呢？

要知道巴西的贫困人口是5480万，占总人口的26%，而且劳动参与率只有56.8%，也就是两个人中几乎就有一个不干活，全要素生产率甚至跌到了负值。根据巴西应用经济研究所的报告，10年间劳动生产率年平均增长率仅为1.09%。

这显然不是我们想要的。

一个健康而强大的足球产业，应该是建立在商业化的基础上，借助市场的力量，吸引顶尖人才。

其实我们有两个巨大的优势，是很多国家都没有的。

第一个就是经济基础，我们的国家是在飞速发展的，40年是一个经济奇迹，未来我国一定是世界上经济最强大的国家，GDP达到发达国家也只是时间早晚问题。有了经济基础，再去谈娱乐，就有了底气。

比如，现在为什么很多家长不愿意让孩子从事竞技体育，一个重要原因就是淘汰率太高，而相关商业又不够发达，担心孩子万一在体育方面没有成就的话，将来可能会面临生存问题，所以很多人不敢冒这个险。

但这也是时间问题，随着商业运作的完善和中等收入阶层的日益庞大，会有越来越多的孩子愿意选择足球行业，没有后顾之忧地去踢球。

第二个是人口基础，14亿人口是一个多大的市场，每个俱乐部都心知肚明。足球发展到现在，曼联早已不是英超的曼联，皇马巴萨也不是西班牙的皇马巴萨，球迷已经遍布全球，而未来最大的市场，就在我国。

你看嘛，最大的电商市场、最大的汽车市场、最大的奢侈品市场，全都在我国，没有例外。

经济就是土壤，经济强大了，足球才会强大。

种子，都深埋在土壤里。

光芒，都需要一点时间。

有钱就等于变富吗

有钱和变富,这两个是独立的概念。

有钱不就等于变富吗?

哎,还真不是,分不清这一点,就可能在财富的路上跑偏。

我考考你。

比如,我之前一个月赚1万块,现在一个月赚2万块,我有钱了,等于我也变富了,这没错,因为这是从个人视角来看的。

可是你切换成国家视角,就完全不一样,比如说一个国家以前是1万个亿,现在变成2万个亿,请问这个国家变富了吗?

没有,因为对于国家而言,钱就变成了一个数字。

并不是钱越多,国家就越富。你得明白,对于国家来说,钱到底是什么。

比如委内瑞拉,你单看钱的数字,是很多,可它依然是一个穷国,因为这些钱是印出来的。

我们所谓的基础研究很烧钱、航天科技很烧钱、光刻机很烧钱，烧的到底是什么？

要想明白这个，你得切换一下视角。蚂蚁是不能简单放大的，纸币只是在个人层面成立，我的钱多了，你们的钱没变，那就是我变富了。可是对于国家，你让所有人的劳动去换所有人的劳动，钱就变得无效了，你得盯着另一个参数——效率。

所谓的富，意味着生产效率的提高。

比如原本是 100 个人，以前很穷的时候，得 90 个人种田，才能养活大家，就只有 10 个空余人手。

这个时候，无论他的钞票有多少，单位是多少，这个国家都是很穷的。

后来发明了新的技术，比如拖拉机，大家发现只需要 10 个人种田，就能养活所有人，然后就多出 80 个人可以去做别的事情。比如 20 个人养鸡、20 个人纺纱、20 个人砍柴、20 个人盖房子。

因为有更多的人去做其他的事情，生产的东西变多了。可以用更少的人口满足更多的需求。效率提高了，这个时候就变富了。

再往后，效率又提高了，比如 10 个人养鸡、10 个人纺纱、10 个人砍柴、10 个人盖房子就行。那多出来的 40 个人又可以做其他事情，比如 10 个人运输、10 个人采矿、10 个人炼铁、10 个人炼钢。

这又会进一步提高效率，拖拉机会越来越便宜，运输会越来越便宜，钢铁会越来越便宜，会有更多的人买得起，生产效率进一步提高。

再往后无限发展，就是 1 个人就可以养活 100 人，多出来的人手可以进入更多的行业，生产更多的东西。

最后就是分工越来越细，生产效率越来越高，大家的生活质量越来越高。

这就是一个国家变富的过程。

在这个模型当中，无论有没有货币、有多少货币，都不影响本质。

所谓的国力强，本质上是生产力先进，生产效率高，用1个人就可以做99个人的事情。

这样就很清楚了，所谓的"高科技烧钱"，并不是在烧纸币，而是拼效率。只有用更高的效率、更少的人口满足了基本的生活，才会有更多资源投入高精尖的行业。

这个，才是富的本质。

不挣钱的真正原因

这个新闻你肯定看过很多遍,应该都要看吐了。

外卖平台佣金太高,100 块要抽成 20 多块,很多商家都撑不下去了。几乎所有财经博主都这么跟你说啊,提成太高,平台太黑。

结论是什么呢?钱都被平台赚走了,应该降低提成,让大家都挣到钱。

而我要说什么?人啊,是要长大的。

第一次看,你相信;第二次看,你相信。好,这都第几次了,你就没有一点点怀疑?你就不觉得它哪里有问题吗?

这个世界你退后一步看,无非就是同一拨人马换不同的剧本演,改了个名字,很多人就不认识了。

所有人都告诉你是平台佣金太高,导致商家步履维艰。

那我就问一个问题:不收佣金会怎么样?

假设不收佣金,一分钱不收,不仅不收,每一单还倒贴你几块钱，一直补贴到平台倒闭。也就是这个平台从一开始就是搞慈善的，免费帮你搭平台，免费帮你拉客户，请问那些挣不到钱的商家在这种情况下能不能挣到钱？

答案还是不能。

为什么？

因为你没解决最核心的问题，怎么调都没用。

核心问题是什么？是稀缺。

是资源有限，是展示位有限，是商家多位置少，是消费者的心力只有那么一点点。

不通过钱去排序，就一定通过其他方式排序；不通过收费来淘汰低效商家，就一定通过变相收费来淘汰低效商家。

不挣钱只有一个原因，你不能超过对手，你的味道不能超过别人，知名度不能超过别人，成本控制不能超过别人。这些问题不解决，再怎么调整，你都挣不到钱。

收佣金的时候，你觉得平台赚走了你的钱。

你别忘了，不收佣金的时候，商家会多到根本找不到你。

不是平台让你不挣钱，而是对手让你不挣钱。

淘宝 c 店做过吧，免费的 App、免费的装修、免费的模板，统统不要钱，好，请问你赚钱了吗？

没有吧，为什么呢？为什么都不收钱了，却还是赚不到钱呢？

因为人多啊，门槛一低，人不就多了吗，人一多，利润就给你挤没了。

那如果淘宝收费呢？像 eBay 一样收提成，那一定有人说你提成太高，才导致我活不下去。他从来没有意识到，只要你不够优秀、只要你的产品不够好，那这块利润无论如何也到不了你手里，不是给平台，就一定要给对手的。

外卖平台不就换个剧本吗？很多人就看不懂了。

不收佣金了，利润看上去多了，可对手也多了啊。你挣钱了，黄焖鸡米饭也想挣钱，潮汕砂锅粥也想挣钱，安徽板面也想挣钱，徐州烧烤也想挣钱，各种知名不知名的串串香都想挣钱。

一共就那么几个位置，你说应该属于谁？你说谁应该挣这个钱？

最终又是回归到排序问题。

你是不交佣金了，可是你也没有订单了。

我们经常说提成要合理，可什么才叫合理？多少才叫合理呢？

比如，当年经常有人诟病实体店的房租高，不合理，导致店面倒闭，所以应该降房租。

不对的，房租高是因为位置好，是因为竞争多。

房租高，才能筛选掉没有竞争力的商家，才能筛选掉复购率低成本控制差的商家，才能倒逼商家优化流程、提升服务来满足消费者。

这本就是市场优化提升的一部分，你去任何一个高房租的地段，能活下来的，无一都是味道好、品牌好、知名度高的。

同一个事情，取决于你怎么说，你既可以说房租太高，不合理，店家难以承受，也可以说房租太低，不合理，房东还不起贷款。

那到底是应该高还是应该低呢？

答案是看市场，市场是公平的，市场自发博弈的，就是合理的。

比如，那些房租便宜的地方，是房东更善良吗？不是的，是因为价值不够，争抢的人太少，他想提价也提不上去。

到处都有便宜的房租，但便宜的一定是没什么生意的。如果一个地方又便宜生意又好，那价格就一定会被拉上去。

所有的贵和便宜，都是经过充分折价的，都是一分价钱一分货的。

外卖平台的佣金，不就是当年房租的翻版吗？

只不过房租是线下的，佣金是线上的。

房租是按月交的，而佣金是按单算的。

房租是交给房东的，佣金是交给平台的。

换了一个剧本，很多人就不认识了。

人一定要成长，一定要怀疑，一定要抽丝剥茧，把握本质。

一眼就看穿本质的人和半辈子都摸不透规则的人，注定会是两种人生。

为什么要学经济学

为什么要学好经济学？

因为不想跟钱打交道的时候吃亏。

为什么要看鹤老师的经济学呢？

因为 1 分钟可以当 40 分钟用。

在所有的留言当中，我印象最深的就是那句"课堂上 40 分钟没听懂的，看你写的内容 1 分钟就懂了"。

为什么呢？因为权重不同。

前者是学校分配，侧重专业度；后者是量身定制，侧重传播度。

后者面对的是赤身肉搏的注意力争夺，对手甚至都不是另一个经济博主，而是搞笑段子、帅哥美女，是各种各样能吸引你的视频。

而且它不能规定你听完 40 分钟，不能强制给你点名签到，也不能在你走神的时候说这位同学在干吗呢。相反，它可能仅仅只有几秒的时间,刚好你准备上个厕所,或者准备刷个剧,或者看个搞笑视频跟闺密聊会儿天,然后一不小心刷到了而已。

注意,你并没有抱任何听课的心态,你只是恰好给了它几秒时间,而它唯一能做的,就是把视频做到极致,在几秒之内抓住你的眼球,想尽一些办法在最短的时间内把一个经济学问题讲透、讲有趣,才有可能让你点一下关注。

一个是不能换台的电视机,一个是动动手指就滑走的短视频,天壤之别。竞争是最好的筛选器,竞争越激烈,对消费者越有利。互联网上,大家用注意力投票,大家不知道你是谁,只关心你讲的他喜不喜欢。

短视频专业吗?不。要说专业的话,学校更专业,论文更专业,一个概念得给你讲一整天,才能严丝合缝,毫无瑕疵;而一个短视频,它只有1分钟,最高的权重不是严谨性,而是传播度。

生动有趣、化繁为简、一气呵成、让人过目不忘,这些才重要。

而我们接触的很多教程是有问题的,比如组装一个书柜,说明书上写:

"使用 B4 号自攻螺丝将 1 号、2 号板与 3 号、4 号、6 号板连接,注意先将 13-1、13-2 号门板用 K0 号隔板销与 3 号、4 号板连接,一定要先用隔板销安装门板后再拧紧自攻螺丝。"

每个字都能看懂,但就是不知道它说的什么意思。后来你一咬牙把它扔了,自己摸索了一天,终于装好了,装好之后你再看说明书,欸,还就是这个意思。

课堂也是一样,你不懂的时候怎么都不懂,你懂了之后再回头看,哦,确实是这个意思。

哪里出了问题?表述逻辑。

学生是望远镜视角,他只能看到一个圆环;而老师是全景视角,他看的是完整的风景,如果不能切换到学生视角,就会造成严重的沟通偏差。只有切换到第三视角,同时明白老师和学生的角色,才能真正讲清楚问题。

传统的上课方式是老师会从一个最基础的概念开始给你讲课,每节课 40 分钟,一周之后再给你讲重点。这个从专业的角度完全没问题,这是成为大师的必经之路,但我们不需要成为大师啊,好比你只想学个钢琴自娱自乐而已,没必要先练半年的基本功,你又不想成为贝多芬。对一般人来讲,兴趣才是最高权重,能听懂能上手才最重要。

这个时候就要切换上帝视角,从他的知识结构出发,降维类比,让他快速明白并且过目不忘。

比如穿越回 20 世纪 80 年代,向当时的人解释什么是 Wi-Fi。标准的教科书是这么写的,Wi-Fi 又称行动热点,是 Wi-Fi 联盟制造商的商标作为产品的品牌认证,是一个创建于 IEEE802.11 标准的无线局域网技术。对方肯定一听就蒙了。其实你只需要拿起一根网线告诉他,Wi-Fi 就是把空气当成这根网线。

这样他就能够秒懂,也才有动力去研究更多的东西。

化繁为简,是一种能力,尊重用户的心力,1 分钟讲清楚 40 分钟的内容,才能让用户高效学习。

但高效学习还远远不够，因为学海无涯，再高效的方式，你一辈子也学不完。

信息从来不值钱，信息的筛选才值钱，正确的信息才值钱。

你观察很多课程，永远是告诉你概念，却不告诉你对错。永远告诉你 a 有道理，b 也有道理，却说不清背后真正的逻辑。

逻辑是要自成一体的，科学是严谨扎实的，不是东一榔头西一棒槌，是每一个看起来都很不错，但堆积起来就是自相矛盾的。

为什么很多人读了这么多书，依然过不好这一生，就是因为没人告诉他对错。

他知道"己所不欲，勿施于人"，也知道"以其人之道还治其人之身"，可他不知道什么时候该用哪个知识点。

他知道什么是力排众议，也知道什么是一意孤行，可是他不知道，你只有成功了，别人才说你力排众议，但凡你倒在半途了，那就一定是一意孤行。

人生，不是去海边捡贝壳，这个真漂亮，收起来；那个真漂亮，收起来。人生是要判断对错的，并且为你的选择押注。

你什么都懂，可你不敢押注，那就是什么都不懂。

因为你对世界的理解是片段的、局部的、碎片化的，你没有框架，不敢判断对错，不相信自己的判断。

扪心自问一下，经济学学了那么多，你赚到钱了吗？你买到喜欢的房子了吗？找到蓝海的行业了吗？预测出未来的趋势了吗？看得出哪些关键信息被隐藏了吗？

如果你的知识是对的，你是不可能赚不到钱的，这叫学以致用，这叫知识的价值。

不能实战的，全部都是花架子。

你永远不缺知识，可你缺一个告诉你什么是对、什么是错的人，一个能在一分钟之内讲懂、讲透的人，一个能够化繁为简、直击本质的人，一个能够高效表达没有一句废话的人。

基础知识越来越多，结合实际的案例分析和实操，碎片化的知识会逐渐连成体系，你会慢慢形成与众不同的思维方式，会有更深层次看世界的视角，会形成自己独特的判断和决策力。

知识一定可以改变命运，除非你学的知识是没用的。

穷困一生的五个毛病

有哪些毛病可以让一个人变穷,并且一穷就是一辈子呢?

记好了,有五个。

第一个毛病,急功近利。

这种人对世界的理解是一个按钮,按一下就行。经常有人问看哪几本书可以改变人生,答案是看哪几本都不行,人生不是由几本书决定的,也不是由几个人决定的,它是几十本书甚至几百本书构建出来的一个体系,是需要逐渐地尝试、逐渐地摸索、逐渐地碰壁,最后总结出一套适合自己的方法论。

从来没有一个按钮可以让你变富,如果有,那就是磨难,是痛苦,是生不如死的感觉,是拼尽全力却看不到一点点希望却还只能咬牙坚持。只有这种痛苦才可能历练出一个钢铁般的灵魂。

你不知道一夜白头的感觉,就不要羡慕别人动辄几十亿的大手笔。

第二个毛病,线性规划。

很多人的人生是线性的,他们特别喜欢规划,恨不得一直规划到 85 岁。

每个月存多少钱,多少钱用来理财,多少钱用来买保险,买多少钱的车,娶老婆要花多少钱,生孩子要花多少钱,子女教育要多少钱,自己的养老要多少钱,无比详尽。

他们舍弃了首位的最大权重,拼尽全力在小数点后面不停地微调,最好精确到九个九。

但凡你多了解这个世界,就知道任何细枝末节的规划都是没有用的。因为真实的世界是充满变数的,有的是十年磨一剑,而前九年却看不到任何变化。有的是你拼尽全力准备,却根本等不来决战的机会。有的是你费尽心机算对每一个细节,一抬头,却错过了未来的风口。

规划源于确定,确定源于习惯,习惯源于读书时候的潜移默化。

社会不是学校,你不能自己画一个大纲就在那儿分阶段复习。

40 年前还没有智能手机,也没有网络,30 年前还没有电商,10 年前还没有短视频,哪一个在你的规划之内呢?

第三个毛病,自我视角。

这种人所有的角度都是:我怎么怎么样,我做了什么什么,我做这个为什么挣不到钱,主语永远是我。他们从来不会切换视角,他们从来不研究游戏到底怎么设计的,满脑子都在想着怎么提高技能。

你做了什么不重要，你能不能挣到钱也不重要，重要的是系统的规则是什么，你为系统可以贡献什么。

比如，很多做短视频的人会反复问一个问题：为什么我的播放量这么少？为什么我发了好几天都是这样，总是突破不了500？

其实你得反向思考：你是谁呀？平台为什么非要给你播放量呢？你有没有想过，对平台而言，它面临的问题是什么？

是作弊啊。

短视频是个金矿，流量就等于钱，如果随便注册一个账户就有500播放量，那就一定有人注册一万个账户拿到500万播放量。只要计算好成本和收益，哪怕不停地封号不停地发，也可以赚得盆满钵满。

最后他赚钱跑路了，一地鸡毛留给平台。

平台的策略是什么？是抬高作弊成本，比如增加一个黑盒，增加一段观察期，考察合格了，确认你是正常的客户了，确认你的成本足够高，作弊的动机足够低了，才会逐渐增加流量。

它不是不给你流量，它连你是谁都不知道，它只是在设置门槛排除作弊而已。

从这个角度来看，才会豁然开朗，但凡从自我视角去理解，一定会不停地碰壁。

第四个毛病，追求免费。

真正的知识一定是很贵很贵的，绝对不是你买一本书就能学得到的，也绝对不是你看一些免费的东西就可以到手的。

任何一本数据库架构的书，都不超过100块钱，为什么一个顶级的架构工程师，可以年薪千万？

任何五星级酒店的菜谱，网上都有手把手的教程，为什么简简单单的香菇油菜，你就是做不出来酒店的味道？

这其中的原因才是真正的知识，才是真正拉开差距的关键。

能让你花钱买到，就已经很不错了。

世界是要等价交换的，你想得到一个最珍贵的东西，就得拿自己最珍贵的东西去换，绝对不是交9.9块钱的费用学了半个月就幻想财务自由的。

很多老头儿老太太都特别喜欢免费，免费送一袋鸡蛋、免费送一桶油、免费送双鞋垫，最后呢，花5万块钱买一床被子。

这个世界上最贵的东西就是"免费"，那些能拿钱去计算的，明码标价让你觉得贵的，才是信息成本最低、最便宜的方式。

第五个毛病，不懂放弃。

有些人这个也想要，那个也想要，这个也舍不得，那个也舍不得，永远处在犹豫的状态当中。

买房子既想位置好，还要面积大点，最好有电梯，投资、自住最好兼得，是学区房最好，这样的结果就是永远等不来买到的机会。

找一个公司，既想待遇高，又想福利好、加班少，还要专业对口，还得有发展前景，能再给点期权就更好，这样的结果就是永远找不到合适的行业。

世界上没有完美，就算你考到700分，清华和北大也只能选一个，永远要为了一个更重要的，放弃不那么重要的。

这就是人生,这就是经济学。

什么都不舍得放弃,往往什么也得不到。

成功很难,但失败很容易,五个毛病,照做就行。

02

用头脑赚钱，而非时间

自由竞争不是内卷

内卷到底怎么回事？今天我就讲一个故事让你明白。前面你可能听过，但真正的重点在后面。

有一个小镇，镇上有几家鞋店，每天 10 点开门，6 点关门，中间休息 2 个小时，每周营业 5 天。

最热的那几天，老板们会把店关门，到北方去滑雪。最冷的那几天呢，他们也会关门，去南方度假。

小镇上的人口一直都那么多，所以销量也一直很稳定，供需处于一个近乎完美的平衡状态。

结果突然来了一个很勤劳的人，他也开了一家鞋店，但是他早上 7 点就开门了，而且他中午也不休息，一直到晚上 11 点才关门，周末也经常营业，他也不度假。

这样一来呢，他的生意就明显好于其他的鞋店，以前大家吃过晚饭是没法买鞋的，现在呢，他们可以随时去买，就没人去别的鞋店了。

原来那些老板不服输啊，他们也模仿这个人的作息时间，早上 7 点开门，晚上 11 点关门，中间也不休息。

然后他们的勤劳也获得了回报，他们的收入慢慢又恢复到了以前的水平。

问题在于小镇上的人并没有变化呀，鞋子的需求量也没有变化呀，最终因为这个人进来了，所有人的工作时间都延长了，但他们的收入还和以前一样。

不仅如此，因为他们工作的时间变长了，娱乐的时间就变少了，光顾咖啡厅的次数就变少了，这样的话咖啡厅的生意也变差了。

总体算下来，小镇的经济不但没有变好，反而越来越差，而且每个人都越来越辛苦。

这就叫内卷。指的是每个人越来越辛苦，但是产出完全没有变化。

你觉得我在告诉你内卷的定义吗？不对，我在告诉你这个故事从头到尾都是错的。

如果你觉得有道理，那你应该是没有做过生意，或者做了生意但是很苦、很难赚钱，所以你才会相信这样的故事。

如果对世界的理解都是错的，那就无论如何也赚不到钱。

想赚钱，得先把世界观拨正。

这个故事有一个关键字——"鞋"。

你得告诉我是哪一种鞋。

是男鞋、女鞋、儿童鞋，还是老人鞋？

是皮鞋、运动鞋、布鞋、胶鞋，还是塑料鞋？

是平底的、低跟的、高跟的、坡跟的，还是厚底的？

是侧拉链的、后拉链的、套筒的，还是前系带的？

是牛皮的、猪皮的、羊皮的，还是人造革、合成革的？

是正式的、商务的、休闲的，还是居家的？

是牛津的、德比的，还是布洛克的？是带雕花的，还是不带雕花的？

如果你不着急，我可以跟你说上一个小时。

好，现在我就问你是哪一种鞋。

为什么这么多鞋店，齐刷刷地只卖一种鞋？

为什么这么多居民，齐刷刷地只买那一种鞋？

整个故事最大的问题在于它只有一种产品。它认为所有的商家只生产同一个商品，它认为所有的消费者只买这一个商品，它认为整个市场竞争是没有差异的，它认为所有的东西都是要靠延长时间去实现的。

这是在拿计划的思维去理解市场，第一步就跑偏了。

真实的市场，是不存在完全相同的产品的，只存在有差异的产品，有的卖男鞋，有的卖女鞋；有的主打休闲，有的主打商务；有的物美价廉，有的高端奢侈。

每个产品都是针对一个细分人群的，都是在不同的维度竞争的。

从来不存在一个客户，叫人。

从来不存在一个产品，叫鞋。

延长工时可不可以？可以。但延长工时就能赢，那做生意也太简单了。

那么多倒闭亏损的老板，他们是不想延长工时吗？

为什么还会倒闭呢？

因为工时延长了也没用啊。

很多问题不是靠时间能解决的，世界不是一个按钮，你只要按一下就行的。

苹果干掉诺基亚，是靠延长营业时间吗？

苹果在排队购买的时候，诺基亚说我24小时营业，能不能挽回份额呢？

谁告诉你好的手机就要在抗摔上下功夫，你能敲核桃我就得去敲砖头啊？

谁告诉你好的手机要把待机时间做得久，你待机7天我就得待机21天啊？

那叫低级，那叫笨，那叫用肉体的勤奋掩盖战略的懒惰。

商业，是要靠战略的，两军对战，不是比谁的肱二头肌练得大。

谁告诉你不能打造品牌的？谁告诉你不能做手工定制的？谁告诉你不能在设计美学和功能上改进的？谁告诉你不能做一个爆款产品让客户排队都买不到的？谁告诉你不能让客户花一个月的收入买你一双鞋子然后欣喜若狂的？

品牌、价格、功能、设计、款式、材料，任何一个维度都行，为什么你偏偏要选时间？

你只会延长时间，只能说你无法超过对手。无法超过对手，怎么可能多赚钱呢？

最后一定会沦为，你愿不愿意多一点辛苦，换取多一点的收入。

真正的方案是什么，是你卖一个月顶别人卖一年，是赚品牌的钱而不是赚辛苦的钱，人家熬夜你休息，赚得还比他多几倍。

任何行业都是一个有限资源的游戏，你不可能有56个大王。你永远考虑的是，在大家的牌几乎一样的情况下，怎么出牌可以超过对手，怎么做才能把资源的效率最大化。

你的效率提高了，你的客户就受益了，他们的钱就可以买到更多更好的东西了。

所谓的总需求没有变化，是因为你永远只卖这一种鞋，你永远只卖这一个价，你永远只有这一个款式，你永远不会质量三包送货上门。

智能手机都普及了，你还在那儿卖BP机，需求可不没有变化嘛。

至于咖啡店没有生意，那是你弄错了前提，谁告诉你只有鞋店老板才会去咖啡店的？

一个人的收入就是另外一个人的支出，你的效率提高了，别人的成本就降低了，别人就可以有更多的钱去消费，咖啡店不过是换个顾客。

谁都别把自己当成宇宙的中心。别觉得你不赚钱，就是经济有问题；你不消费，别人就活不下去；所有对你不利的，别人都不能做。

抱歉，消费者也是人，消费者的权利也是权利。

想赚钱，那就提升产品、提升服务，而不是想方设法去侵害消费者。

商业不是丛林法则，商业不是你抢我、我抢你，商业是你好、我更好，商家竞争越激烈，消费者的生活就越好。

你参与，别人的生活会更好。

你不参与，自己的生活不会更差。

自由竞争不是内卷，禁止竞争才是内卷。

内卷都在哪些行业

先说什么是内卷,就是发展到一定程度,产出比越来越低,于是不停地优化边边角角,所以每个人都很累很累。

好,我再问你,到底哪些行业在内卷呢?

答案是:所有。

如果按照这个定义,你会发现所有的行业都在内卷。你去观察任何一个行业,永远都是投入产出比越来越低,竞争越来越激烈。

想弄明白这个问题,你得回归人类需求的本源,这个本源到底是什么?四个字——"衣、食、住、行"。

千千万万的行业,回归本源,无非是为了衣食住行。到了今天,我们的基础需求早就已经满足了,现在所有的需求,都是在边边角角不停地细化,不停地精进。

穿衣服仅仅是为了保暖吗?不是啊,否则你穿的确良衣服就行了,为什么现在的衣服有各种各样的款式、各种各样的颜色、各种各样的流行元素？你说样式这么多，它不还是衣服吗？

吃饭仅仅是为了吃饱吗？不是啊，吃饱的话啃馒头就行了，为什么有这么多的菜系，有川菜、粤菜、鲁菜、徽菜、湘菜、闽南菜？为什么有这么多的做法，蒸、煮、煎、炸、炖、焖，还有生吃的、烧烤的？你说折腾这么多，它不还是吃的吗？

好，我的问题来了，你为什么没有觉得这些行业在内卷，你为什么会不停地去买衣服，不停地去吃各种好吃的？

因为你是消费者呀。

有没有发现一个问题，所有说内卷的，都是生产者。

从没有一个消费者说，餐厅太多了，太内卷了，两个菜就行了。

也没有一个消费者说，鞋子太多了，太内卷了，差不多就行了。

你看有的女孩子已经有很多衣服了，但她们就觉得，欸，好像还差一件。

这就是需求。

消费者就是需要很多衣服让他们挑，就是需要有很多好吃的让他们去尝，就是需要商家不停地竞争，给他们提供更好的选择。你觉得是内卷，那是因为你是生产者。

对于生产者来讲当然竞争越少越好，我就生产这一件衣服，你们所有人都得来我这儿买。我就会做这一个菜，所有的人都得来我这儿吃，这样最好。

这叫立场决定态度。

市场是什么？是商家相互竞争，给消费者提供更好的东西。你做这个挣钱了，那别人也可以做，做的人多了，利润就变少了，那就看谁玩的花样更多，看谁能抓住用户的需求，看谁能给用户提供更好的细分服务，这本身就是竞争的一部分。

所谓的内卷，本质就是竞争，它是红海领域的竞争，只是换了一个词。

之所以辛苦、之所以红海、之所以内卷，那是在告诉你，不要再做了，这个行业已经满了。你想多挣钱，那就赶紧找细分，细分行业、细分领域、细分维度。

皮鞋内卷你就做运动鞋，童鞋竞争太激烈你就做老年鞋，工厂鞋竞争太激烈你就做手工鞋，细分维度无穷无尽。

实体店内卷你就做网店，网店内卷你就做微商，微商内卷你就做自媒体IP，细分行业无穷无尽。

从来没有一劳永逸，你选择了市场，就选择了竞争，你要为你的消费者负责，给他们提供各种选择，想他们能想到的，想他们想不到的。

从来也没有铁饭碗，真正的铁饭碗就是你不停地努力，不停地找市场，不停地找需求，不停地满足消费者。

你原地不动，只想着挣之前的钱，只是觉得之前挣了多少钱，现在挣了多少钱，还在埋怨行业内卷，那叫不思进取。

同样一件事情，你叫它内卷和红海，反映的是两种不同的人生观。

剧场效应和无效竞争

你肯定听说过无效竞争,就是如果你也加班我也加班,那最后大家就会加班得越来越厉害,因为我们之间相互竞争,总产出没有变化,最后效率没有提高,大家反而会越来越累。

最经典的一个例子就是在电影院,最开始大家都是坐着看电影,然后前排的一哥们儿突然站起来看,他说我乐意,那后面的人为了能看到电影也得站起来,然后后面的后面也得站起来,最后整个电影院里的人都站起来了。

最后大家突然发现,原本每个人都是可以坐着看电影的。

这就叫无效竞争,也有人说叫内卷。很多人觉得似乎非常有道理,但也隐约觉得哪里好像有一点点问题。

"好像"是不行的,人生不能"好像"。人生最重要的是要分清对错,不能稀里糊涂,否则就会偏航。

那这个故事的问题在哪儿?它一开始就弄错了类比,偷梁换柱地把游戏设置为互害模式。

模式有两种：一种是竞争，另一种是互害。

竞争是我需要变得更好，而互害是你不能比我好。

市场经济是什么，它是竞争、是效率，是商家之间争夺用户，看谁能给消费者提供更好的服务，消费者用钱给商家投票，优胜劣汰。

比如说我开了一家火锅店，你也开了一家火锅店。

我出一个鸭血火锅，你出一个鱼肉火锅；我出一个九宫格火锅，你出一个高汤火锅；我是川剧主题的，你就做防空洞主题的；我保证15分钟菜上齐，你就出一个充值1000块打七折的活动。

双方都在各自的范围内竭尽所能，猜测用户的需求，满足用户的需求。没有人告诉你对错，自己猜，猜对了，那就能赚钱；猜错了，那就白花钱，错得多了，慢慢就倒闭了。市场上留下来的是符合用户需求的，这就叫竞争。

我们处在一个竞争的社会，每个商家都在提升自己的服务，都在优化效率，都在提高产品质量来满足消费者。每个商家都在把产品做得更好，这些好不是一维的概念，它是立体的，包括营业时间、服务态度、菜品质量、优惠方式、竞价折扣、客户维护等。每个商家都有在自己的范围内优化产品的权利，商家并没有伤害对方，他们只是在竭尽所能地满足用户，满足用户各个维度的需求，而用户通过钞票来投票。

那最后的结果是什么，是优胜劣汰，是用户受益，是市场微调资源优化配置，是整个社会的运行更合理高效。

这个叫竞争模式。

而互害模式是什么？

是我不能，你也不能。

我做不到 15 分钟上齐菜品，你也不能，你要是上齐了，那我就也得跟上，太难。

我做不到冲 1000 块打七折，你也不能，你要是可以，那我就也得跟上，利润太低。

我做不到贴心五星服务，你也不能，你要是做了，那我就也得跟上，太累。

我做不到营业到晚上 10 点，你也不能，你要是可以，那我就也得跟上，太辛苦。

所以，最后大家都卡在那儿，动弹不得。

同样是一顿饭，消费者要等更久，要花更多的钱，要忍受更差劲的服务，这种叫互害模式。

竞争模式和互害模式，看起来很像，但它们最本质的区别是，有没有受益者。

有没有脱颖而出的商家，有没有拿到实惠的消费者，有没有优化整个社会的流程效率。

你看电影院的模式，当中是没有受益者的，那不叫竞争，那叫互害。

但是商业不一样，商业是效率越高，用户的成本就越低。你有一千个用户，那就有一千个用户受益；有一万个用户，那就一万个用户收益。每一个商家都相互竞争优化效率，整个社会的效率就会越来越高，每个人都在享受其他人带来的效率，整个社会发展得越来越快。

电影院里第一个站起来的那个人，不是激发竞争，而是在挑起互害，我伤害了你，你伤害了他，最后大家只能全部站着看电影，没有赢家。

如果每个行业都在互害，每个行业都是我不能、你也不能的话，会发生什么？

看似你在火锅行业占到便宜，不需要拼命挣钱，不需要讨好客户。

但是你发现你用不起手机了，买不起汽车了，你发现网购可能物流需要一个月，你发现想逛商场结果下午3点商店就关门了，你发现一件普通毛衣可能要你半个月的收入，你发现夜里想打车结果下午5点司机就收工回家了。

因为你轻松的话，每一个行业都可以轻松啊，每一个行业都不需要竞争啊，最后大家全部停滞，生产力退回到几十年前。

开启了互害模式，大家就会一起倒退，最后是没有赢家的。

其实讲故事的人真正想要的是什么？是例外。能不能我这个行业是例外的，我服务差别人也得忍着，我做了这个行业，别人就不能抢我的生意，我不那么辛苦，你们还和以前一样。这样我挣钱就多了，同时享受别人的服务还不缩水。

这是强行用门槛消除竞争对手。

他要的并不是公平，而是特权，一个只给他的特权，这叫精致的利己主义。

而市场最需要的，是公平。

你还要面对一个问题，就是界限。明白界限在哪里，什么叫过度竞争，什么叫合理竞争。既然是市场经济，真正的合理应该由市场来定，由千千万万的商家和消费者来定。

很多欧洲商店为什么下午3点就关门了，因为是强行规定的。你想开也不让你开，你开了就抢了别人的生意，那最后关门越来越早，你下午去逛街，很多商家都是关门的，听起来非常不可思议。很多中国游客初次去欧洲会感觉特别不习惯，按我们的理解是晚上八九点关门，早的话就五六点，没想到居然下午3点就要关门，这个界限是在不停抬高的，最终损害的是消费者。

随时随地可以购物，本身就是消费需求的一部分，而不是说我想买盒牛奶都担心时间冲突而没法接孩子，只得二选一。

商业本身会博弈出一个均衡点，各个行业不一样，每个领域也不一样。比如法国香榭丽舍大街的丝芙兰专卖店，被要求9点之前关门，可那条街道是旅游景点，9点之后正是游客吃晚饭想逛街买东西的时候，关门了，它就挣不到钱，游客就买不了东西。那它能不能一直开门呢？不能。因为它要考虑成本啊，让一个企业活下去的是效率，而不是延长时间。之所以延长时间，是因为收益大于代价，可是收益不是线性递增的，你从9点开到10点和从凌晨3点开到凌晨4点，收益是完全不一样的，每一分钟的延长都是要付出代价的，代价越来越大，收益越来越小，再延长就会亏损，亏损多了，就会倒闭。

这就是市场的规则。

你想一下，为什么很多行业并没有规定不能24小时营业，但是几乎没人选择24小时营业？是因为不想多赚钱吗？不是的，因为根本无钱可挣，因为开了就会亏，开了就会产生水费、电费、人工管理费等各项开支，开得越久亏得越多。

企业的竞争要靠尊重市场规律，提供更高效的服务，而不仅仅是拼时间。

如果拼时间有用的话，那创业应该是世界上最简单的事情，你只要24小时营业就行了嘛。

永远要记得，回报的翻倍是要全要素同步翻倍的，是全要素，不是增加一个要素就行。你增加了时间，那也得增加人力成本，增加水电开支，增加管理成本，增加客户数量，增加市场需求。

不是说你把产能乘以10，市场需求就必须乘以10的。

各个要素都是有上限的，每一个上限都会钳制你，让你想增加也毫无意义，甚至适得其反。资源永远是有限的，分配到哪里可以产生更大的收益才是根本。最后市场的竞争就回归到在现有的制约条件下，谁的方案更优，谁能用更低的成本和更高的效率解决问题。

这才是市场竞争的本质——效率。

如果你这个行业竞争太大，生存太恶劣，那它就一定会阻碍新人加入，而且老人也会考虑转行。会有其他更有吸引力的行业把人吸走，比如，加班时间短，工作环境更自由，工资待遇更高的行业。总之，它会比现在的行业要好。

这就是不同行业之间的竞争，所有的争夺，核心都是人的争夺。如果你的加班产生不了应有的效益，那么这些人就会把精力放在其他行业，最终竞争会把它拉平，永远不可能无限增加。

工厂为什么有用工荒呢，因为外卖行业把人吸走了，年轻人不用坐班，不用重复机械性劳动，时间更自由，收入还更高，那就没有人愿意去工厂。

工厂要么改进流程，要么改进生产线，要么改进管理规则。不管怎样，得把效率提上去，才能把人吸引过去，绝对不是24小时的两班倒就能解决一切的，绝对不是微调一下时间长度就可以成功的。

时间像风阻，和速度的平方成正比，从80提到120很容易，当你想继续增加的时候，风阻会大到让你燃油耗尽。

把时间拉长，我们会发现，经济发展是效率的不停迭代，是不停涌入新的行业，带来更高的效率，提供更多的收入。新行业挤垮旧行业，高效率取代低效率，车轮一般滚滚向前。

竞争是有利于每一个人的，你参与竞争，你提高效率，那别人的生活就会越好；你不参与竞争，也不会受害，因为别人在竞争，你可以享受效率的提高，享受科技的进步。

你唯一不能做的，是阻止别人竞争。

做减法才是真本事

做减法，才是真本事。

想知道一个人是菜鸟还是高手，就看他到底是做加法还是做减法。

世界上没有白吃的午餐，无非是舍弃哪个换取哪个，想什么都揽到怀里，注定会一事无成。

懂得舍弃才是大智慧，懂得放弃的，才是高手。

你观察所有的新人，无一不是在做加法，生怕漏掉一点点。

一个刚学做饭的厨师，恨不得把所有的调料都给你加进去；一个刚摸相机的摄影师，生怕漏掉任何一个细节；一个初学美工的新人，做出来的一定是花花绿绿一闪一闪的作品；一个初入广告行业的实习生，动不动就是几百字的产品卖点；一个刚入行的产品经理，恨不得把所有的用户意见都改进App里。

这叫什么？安全感。

新人对体系一无所知，对权重毫无概念，所有的东西都无比重要，哪一个也放弃不了，才会加一点，再加一点，再加一点，来满足内心的安全感。

而这个世界上的顶尖高手，无论哪个行业，无一例外都在做减法。

顶级的厨师，懂得调料的取舍，一块豆腐两根小葱，能让你回味三天。

顶级的画家，懂得留白之美，花鸟鱼虫寥寥几笔，能让纸面泛起波浪。

顶级的营销高手，懂得惜字如金。某某山泉有点甜，可以做到几千个亿。

什么叫大师，什么叫举重若轻，这就是。

这个世界上，知道要什么很容易，知道不要什么却很难很难。

所有的平庸者都有一个特点，他们不知道放弃，这也想要那也想要，这个也有用那个也有用，这个也想得到那个也想得到，最后一事无成。

为什么电视上的选秀歌手给人的感觉很急功近利？

因为太想表现了，太想把自己的歌唱技巧在三分钟之内全部展示给你了，生怕漏掉一点点，生怕你不知道他会什么。各种转音各种嘶吼各种炫技，结尾再升个八度，听得你一身鸡皮疙瘩。

可你听高手呢？比如陈奕迅。

那就不是在唱歌，那是在绘画，在讲故事，在拍电影，有语气有腔调有情绪，有画面有角色有灵魂。没有唱得撕心裂肺，平静得仿佛自言自语，可你总有一种想哭却哭不出来的感觉。那种磁性而沙哑的声音让你忽略了歌唱者本身，让你直接感受到歌曲的灵魂，让你忘掉你是在听他唱歌。

一部顶级的电影，是让你感觉不是在电影院里，而是置身于电影里。这是高手。

而新人在干吗呢？"看我的高音，看我的颤音，看我的真假声转化，怎么样，我还能升八度呢。"

高下立现。

网上有个问题，说微信语音为什么不加个进度条呢？

60秒的语音，漏掉一句，就得重新来一遍，为什么不做个进度条，想听到哪儿就拖到哪儿呢，多方便啊！

这么好的功能，这么明显的需求，微信为什么不加呢？

你猜？

想清楚这个，才是成为高手的第一步。

只有顶尖的高手，才敢做减法。

只有深谙底层原理的人，才知道要减去什么。

做加法一点都不难，有本事做个减法看看。

不同的产品，不同的策略

可口可乐能不能和椰树牌椰汁互换包装？为什么？

这两个堪称饮料界的典范，一个是国际的百年巨头，另一个是国内的龙头企业。

特点呢，也非常鲜明，可口可乐，经典瓶身，标志性的红色，简单的一个 logo。椰树牌椰汁呢，独特风格，大胆的配色，满满的全是文字，识别性非常强。

那么，它们的包装能不能互换？互换了是好，还是不好，还是没影响？

比如你买一瓶可乐，瓶身上写着满满的卖点：专注可乐 135 年，原产地美国佐治亚州，坚持采用优质蔗糖，我从小喝到大……请问行不行？

哎呀，这个问题我还真没想过呢，好像可以好像也不可以，我也不知道行不行。

我看过你之前的内容，按你之前的说法，人是被环境塑造的，我们从小第一眼看到的，就认为它是合理的，如果换一下，似乎也没有什么大问题。

不对的，不能换，换了之后会出问题，会出大问题。

习惯不等于正确，它为什么以这个样子诞生，才是关键。

这就要回归商品的决策路径，我们买任何一个商品的时候，都有两个决策路径，一个是感性的，另一个是理性的。而这两款饮料，恰好对应这两种不同的决策类型。

比如椰汁，它是一个偏理性决策的产品，它的宣传重点是什么？是健康、营养和纯天然，是不用香精，是专注多少多少年，它宣传的是一个品质的东西，是靠理性决策来推动的。

你买它，因为它健康，而且它还不断强化这些信息，每一个都用大大的字体印在包装上。你随便瞄一眼，马上就一个信息过来，反复强化，你想忘都忘不了。

你一闭上眼睛，就是坚持生榨多少年、不用香精、不加防腐剂这些。

花钱的那一刻，你买的是健康。

而健康，是要靠理性决策的。

但是你看可乐，它就是完全反过来的，它是感性产品。

从来没有人说可乐健康，也没有人说可乐营养丰富，也没有人说喝可乐是为了身体好。

因为大家其实都知道，糖吃多了不好，吃多了坏牙，会变得肥胖、会囤积脂肪、会导致糖尿病，甚至心脑血管会有风险。

健康的人，应该严格控制糖分的摄入。

问题在于，人家的配方就是糖水和二氧化碳啊，人家从成立的第一天就是这个配方，你让它怎么办？

答案是：往感性决策引导。

不要提减肥、不要提糖分、不要提营养，你为什么喝啊，你是为了开心，是为了让自己快乐，是为了一种身心舒畅的感觉。

它需要营造一种氛围、一种场景，让用户瞬间进入感性决策状态。

明白了这个，你翻一下它从1886年到今天的广告，基本都是同一个思路，从来没改过。

1904年：美味提神。1932年：烈日透出冰凉。1982年：就是它了。2001年：生活如此美好。

全都是感觉和场景。

其实不仅仅是可乐，类似的所有饮料，广告都是这样：什么此刻尽分享、快乐共分享、把快乐带回家、欢聚时刻就是它。对吧，就是这个道理。

如果视角再广一点呢，你看很多产品也都是这样。比如手机，它也是分感性和理性的。

谁是感性啊，苹果啊，你看苹果都宣传什么啊，科技感、未来感、时尚感，你说这种东西值多少钱，算不出来，所以人家可以卖高价。经常有人计算苹果所有的成本价，加起来多少多少钱，说它暴利，这就是完全搞错了产品，苹果真正卖的并不是手机，而是价值观。

那谁是理性呢？小米啊，我不和你比这些，我和你比参数，和你比配置，和你比跑分，有本事你跑个分啊。所以你看小米的宣传策略，全都是理性的，什么样的处理器、什么样的屏幕、什么样的摄像头，所有的宣传都为了把你引入理性决策，从而产生购买欲望。

你说，这有没有对错呢？

没有。

有什么样的消费者，才会有什么样的产品。有什么样的需求，才会有什么样的宣传策略。

有人需要实用，有人需要品牌，能够满足消费者的才是好产品。

可口可乐是成功的企业，椰树牌椰汁也是；苹果是伟大的企业，小米也是。它们在用不同的策略，满足不同的消费者。

唯一的问题是，它们不能互换。

低成本的炼钢方法

怎么可以低成本地炼钢?

答案是用小麦。

这不是开玩笑,这是经济学的一个经典案例。

当年有一个发明家,他发明了一种极度离奇的炼钢方式,用小麦炼。

不需要铁矿石,不需要焦炭,不需要任何熔剂。你只要给他小麦,他就能给你炼出钢,质量还非常好。最关键的是,价格还非常低,比你自己用铁矿石炼出来的还要低。

唯一的问题是,生产过程极度保密,没有任何人知道这哥们儿到底是怎么炼的。

最开始大家不相信,就试着给他一点小麦,真的能炼出钢,再给一点,又炼出一点。

哎,这可太神奇了。

于是大家逐渐相信了,反正你能炼钢就行,我给你小麦,你就给我炼。

然后大家发现，无论给他多少小麦，他都能给你炼出需要的钢材。

这可太伟大了，这个发明直接降低了工业成本，所有用到钢材的地方一律降价，东西越来越便宜，大家的生活水平大大地提高了。

其他的钢厂逐渐倒闭了，因为价格太高，没人买，工人逐渐失业了。

但是后来工人又发现，他们可以找到新的工作了，有的人直接种小麦换钢材，赚得比以前还多。有的进入一些新兴行业，收入也非常好。

这下所有人都觉得，这可真是一件大好事，真是一个伟大的发明，这样的发明能再多一点就好了。

你说，他到底是怎么炼的钢呢？

有一个记者特别好奇，非得看看这个人到底是怎么炼的。

结果记者目瞪口呆，这个所谓的"发明家"，根本就没有炼钢。他做的唯一一件事，就是把小麦运到比钢铁更便宜的国家，然后换成钢铁运回来。

这下大家不愿意了，说你这是骗人啊，不能这么干，然后就停止了这个人的生意。

然后呢，钢铁的价格上升了，工人回到了以前钢铁厂的岗位，大家的生活水平又退回到以前的状态。

这就是曼昆在《经济学原理》一书中举的例子，他想讲的就是国际贸易的作用。

在1993年，美国面临着是否正式批准北美自由贸易协定的问题，而这个协定的主要内容是减少美国、加拿大和墨西哥三个国家的贸易壁垒。

当时美国公众对这个问题的态度是一半支持、一半反对。反对者认为，自由贸易会导致失业和降低生活水平，但是绝大部分经济学家支持这个协议，他们认为自由贸易是一种有效配置生产的方法，可以显著提高三个国家的生活水平。最终，这个协定以微弱优势通过，结果证明，确实如此。

北美自由贸易区成立以来，尽管对发展成果评价不一，但无论支持者和反对者都认可一个事实：取消壁垒和开放市场确实提升了经济和生产力。

尤其是墨西哥的加入，成为南北区域经济合作的成功范例，之前国际上对于发达国家和发展中国家能否通过自由贸易实现经济的共同增长表示怀疑，但现在已经基本不存在这个疑虑了。

变富的方法有两种：一种是生产，另一种是贸易。

裁决权远比对错重要

你知道吗，人类其实并不比毛毛虫更聪明。

你嘲笑过毛毛虫，对吧。那些排队的毛毛虫，一旦领头的出现失误，就会形成一个死亡旋涡，所有的毛毛虫围成一个圈不停地走下去，一直活活累死。

怎么就这么死板呢，怎么不知道变通呢？

你有没有仔细想过，我们也一样啊。

看过世界杯吧，里面有各种误判。

马拉多纳的上帝之手、法比亚诺手球被无视、兰帕德明明进球被判无效。不管怎么误判，都必须遵守判决，哪怕裁判收了钱，吹了黑哨，也必须遵守，比赛结果不能更改。

裁判有问题，事后处理，但是比赛结果，维持原判。

更离奇的是，哪怕裁判发现自己误判了，但只要重新开球了，不好意思，也改不了。

为什么？明明是手球啊，明明过线了啊，明明裁判说自己判错了，也不能改，为什么这么死板呢？

如果你觉得毛毛虫可笑，请你解释一下世界杯。

为什么我们进化了几千年，最终的规则也并不比毛毛虫好多少？

如果你觉得不合理，那是你没有看懂规则的真正要义。

任何规则的第一要义，从来都不是追求公平。

再说一遍，任何规则的第一要义，从来都不是追求公平。

规则的终极目的，是确定裁决权。规则真正追求的，是减少纠纷减少内耗，至于误差，并没有那么重要。

明白了这一点，你再看一切规则，都会豁然开朗。

为什么要听裁判的，因为界定的成本无限高。

有人说手球，有人说没有手球；有人说过线，有人说没有过线。那两拨人要不要一直辩论下去？

谁也说服不了谁，那比赛要不要先停下来？

如果停下来还是解决不了，要不要继续停下去？

要停多久？十分钟、一小时，还是三小时？

如果三个小时解决不了，要不要三天？

如果一方一直不满意，要不要一直讨论下去？

没有了裁决权，纠纷就会永无休止，内耗会大到一直把比赛拖垮。

公平是有代价的，这个代价有可能高到让公平本身毫无意义。

如果所有的纠纷都要永无休止讨论下去，最终的结果就是系统崩溃。

用未来的眼光看现在，任何人都不能保证自己现在百分之百的准确。如果裁判发现可以改，过几天发现又可以改，过几天又发现可以改，那比赛本身有什么意义？

为对错画上句号，比对错本身重要一万倍。

再说一遍：为对错画上句号，比对错本身重要一万倍。

所谓的公平是一个手段，不是目的。为什么要公平，是为了辅助裁决权。不论是过程公平还是结果公平，都是为了建立共识，减少内耗，让规则持续运行，让裁决更有权威性，这才是公平的目的。

从来没有为了公平而公平。

明白了这个，你再看球场，所谓的纠纷，本质是公平和裁决权出现冲突。

那到底是要公平还是要裁决权呢？

答案是：要裁决权。

手球就手球了，误判就误判了，不重要。

误判了，你也必须遵守，这才重要。

很多看似不合理之处，一旦明白本质，就会豁然开朗。

独立思考的重要性

喝了这么多鸡汤,你有没有想过哪一口是有毒的?

比如你肯定听过这个故事,井盖为什么是圆的,据说是微软的一个考试题,答出来,就可以进500强;答不出来,你就是个路人甲。

大家都愁眉苦脸,你说为啥是圆的呢?这个时候,来了一个天才。天才说是因为圆形不会掉下去,直径是固定的,你做成方的,它就掉下去了。

哎呀,恍然大悟呀,太聪明了,我怎么没想到呢,有道理,记下来记下来。

你要是喝过这口鸡汤,赶紧把它吐出来,这玩意儿是有毒的。

喝多了,你就没有独立思考能力了。

我就纳闷,这么多人对这种说法,就没有哪怕一点点怀疑吗?

为什么到现在为止,没有一个人讲清楚真正的原因?

今天让我告诉你，什么才是真正的思考，什么才是真正的逻辑。

其实你只需要问一个问题：为什么还有方形的井盖呢？既然圆的那么好，为什么还会有方形的？既然一个外行都知道它会掉下去，那内行为什么还要造呢？他们不知道会掉下去吗？

如果你见识更多一些，你还会发现有更多形状的井盖，有长方形的，有三角形甚至还有六角形的，比如这样：

图 2-1

请问，这些要怎么解释？

研究世界是要逻辑一致的，是要找到本质规律的。很多看似合理的说法，一个反例就能彻底推翻。

那请问，真正的答案到底是什么呢？

是权重点。

不同的场景有不同的权重点。

我们先说一下井盖，它实际上是分很多类型的，比如自来水、雨水、电力、路灯、电缆、通信、天然气等。

我们没办法讨论所有的类型,但可以推导出一个框架性的方向。

首先,为什么很多井盖是圆的,真正的答案是:因为井是圆的。那井为什么是圆的,因为市政工程的需要。

井是从最深的地方开始,用砖头一层层往上垒出来的,而同等周长的情况下,圆形的面积最大,在使用同等数量的砖头的情况下,圆井能提供最大的井内空间,方便检修人员在井内活动。

图 2-2

而那些较浅的井,因为对井内空间的要求不大,为了便于施工,就被制作成方形。

这个时候最高权重是什么呀,施工成本。

这是第一个场景。

那么第二个场景呢,就是我们的公路,你只要是在公路上开过车,就知道汽车轧过井盖的时候,会咯噔一下。

图 2-3

一条路可能有几十个井盖，咯噔咯噔咯噔。

一个井盖可能过几百辆车，咯噔咯噔咯噔。

好，请问这个时候，最高权重是什么？是受力情况。

因为方形井盖受力很不均匀，比如某个城市的 8 万个路灯井盖，当年采用了方形井盖，后来发现 30% 的井盖出现了不平整的情况，这样就很容易翘起，会造成交通事故。如果是圆的，就很少有这个问题，因为圆形受力更加均匀，会向四周扩散压力，它可以承受来自不确定方向的荷载，在实用性上比方形井盖好很多。

其实你真拿一个方形的井盖去盖圆形的井，只要能盖住井口，无论怎么翻，它都是掉不下去的。

防止掉落并不是核心权重，真正的原因是受力情况。

当我们继续观察下去，又会发现第三个场景。

你现在下楼，拿着手机，到你们家小区里去看一看，你会发现小区里的绝大部分井盖都是方形。这是为什么？

为什么马路上都是圆井盖，小区里却大都是方井盖？

因为一个更重要的权重。

回答这个问题之前,先回忆一下,小区地面和马路地面有什么区别?

图 2-4

对,小区的地面铺的是砖头,学名是石英砂步道砖,可以渗水、可以透气,当然也有些铺的是大理石。不管是什么,都是方形的。如果你在无数个方形里去放一个圆,就会出现一个难题,那就是接口非常难处理。

你得把砖头进行弧线切割,才能完美匹配那个圆。这个时候就非常考验技术,当然我也见过切得好的,非常好,严丝合缝,但它的问题是不可控,因为这项技术取决于师傅的手艺,不是所有的师傅都能做到,不可控因素非常大。而且还不限于此,它的后期维护成本也很高,比如用了几年,边上掉了几块砖,你说我是自己切呀,还是再找个师傅跑一趟啊。

最后的结果很可能是这样:难看,极其难看。

图 2-5

因为维护成本高,所以很多小区都会采用方形井盖,比如下图,如果装饰斜着铺的,它也是斜着铺,始终和砖头的走向一样。小区里不过车,所以完全不用考虑受力问题,方形就会完胜圆形。

图 2-6

那在这种场景下,最高权重是什么?是维护成本。

那更多场景呢?比如那个六角形的,这个时候最高权重就是开合的方便。井盖太大,最大的问题是太沉,一个人打不开,这个时候做成分开的,反而更好。

最高权重是什么呀？是操作难度。

具体问题具体分析，不同场景有不同的权重。这才是科学的研究方法啊。

不要再喝那些毒鸡汤了，尝试独立思考一些问题，尝试用框架的思维来重构整个世界，你的人生就会彻底不一样。

奇葩制度的背后利益

2003年，美国有几个法官，在办公室里苦苦思考一个问题——X战警，到底是不是人呢？

有法官说是，因为它长的是人的样子。

有法官说不是，因为它是变种人，而变种人不属于人类。

然后大家花了几个月的时间，终于确定了结论，X战警不是人。

也许有人会说："你们几个当法官的，工作时间在办公室讨论X战警是不是人，是不是有点过分了？"

别，人家是在工作，而且是在认认真真地工作。

原因就是美国当时的贸易保护政策，美国海关制定了极为奇刻而且复杂的关税分类。

有多复杂呢？比如玩偶，他们分成了两类：一类叫dolls，洋娃娃；另一类叫toys，玩具。

你说这俩有什么区别呢？

区别可大了。

洋娃娃是 12% 的关税，但是玩具只有 6.8% 的关税，几乎差一倍呢。

而 X 战警当年就很不幸地被分到了洋娃娃一栏，直接缴 12% 的税。它还有几个难兄难弟，分别是蜘蛛侠、神奇四侠、暴风女、金刚狼等，都是缴 12% 的税。

大家都很生气，凭什么我们就得多缴一倍的税？这样利润不就少了吗，而且售价高了之后，顾客就买别的玩具了。

不行，得想办法把它分到玩具一栏。

然后玩具公司 toy biz 就仔细研究条文，终于发现一个突破点，在哪儿呢？在 X 战警的手上。

因为区分洋娃娃和玩具的一个最关键的因素，就是这个玩意儿到底是不是人类。

比如洋娃娃是这么定义的：代表人类还有人类相关的一些配件，等等。这里面最关键的词语就是：人类。

然后玩具公司的人一拍大腿，哎呀，这就是突破点啊。哥们儿你看看，这个 X 战警的手，它是三只铁爪，你见过有人类的手长成这样吗？一生下来就三只铁爪？

所以它不是人类啊，它不符合人类的定义啊。

法官一听，哎呀，有道理啊，然后判定美国海关败诉，X 战警不属于洋娃娃，你们搞错了。

然后玩具公司就高高兴兴地按照 6.8% 去缴税。

请问，这件事荒唐的背后，是什么原因？

是奇怪的制度，是利益的纠纷。

1994年，欧盟通过了两条古怪的规定，有多奇怪呢？

胡萝卜是水果，蜗牛是鱼。

为什么要这么规定？也是因为利益啊。

胡萝卜是水果的话，那胡萝卜酱是一种水果制品，出口到其他国家就是按水果收税，竞争力就会更强。

蜗牛为什么是鱼呢？因为蜗牛是法国餐厅的招牌菜，把它定义为鱼，养蜗牛的人就可以收到政府养鱼的专项补贴。

全是利益。

但凡看不懂的，多想想背后的利益，就会豁然开朗。

比如，你见过羽绒服拆开卖吗？就是分羽绒背心和两个袖筒，你穿的时候得把拉链拉上，这样才是一件完整的羽绒服。

这可不是商家脑子有问题，人家非常聪明。

因为他这么做的话，羽绒服就变成了两个商品，一个是滑雪背心，一个是袖子，而这两个商品呢，在自愿出口限制（VER）里没有任何条目，是完全免税的。这样的话，美国的羽绒服进口商就可以用更低的价格分别进口这两个商品，然后把这拉链一拉，就可以变成一件羽绒服去卖。

你看，多聪明。

富豪们的真实财富

富豪会在乎排名吗？比如我原先是第3名啊，不小心跌到了第16名，那我应不应该再继续努力一下，争取再回到第3名，就跟小时候上学一样？

不会的，富豪不会去关注排名，因为排名没有意义。

之所以有排名，是给外行看的，是给茶余饭后的普通人看的。

因为我们得知道什么是真实的财富。

财富是分结构的，不同的结构、不同的层级、不同的比率，会导致不同的结果。

很多时候我们认为的财富多少，是在一个层级下的比较。比如咱俩都是靠工资，你5000元我3000元，那你就比我有钱；如果你一放大，就出问题了，比如你资产5000亿，我资产3000亿，那咱们两个谁更有钱呢？

答案是：不知道。

5000元比3000元多，是因为它们结构简单，都是现金，所以可以精确对比。

但是到了 5000 亿的级别，结构就复杂了，它不仅仅是现金，它可能是不动产，可能是公司股份，可能是无形资产，比如商标或者专利。

这个时候，资产就是估算出来的，一估算，就出问题了。

比如说股票吧。

你有一个公司，股价是 100 块，然后你有 1 万股，那估算出来的身家就是 100 万。

但你真的能拿到这 100 万吗？

拿不到，你真要去卖，结果一定会比 100 万少。

因为所谓的 100 块只是边际价格，只是这个人愿意花 100 块买一股，不代表所有人都愿意。如果你继续卖，就会发现愿意出 100 块的买家越来越少，剩下的是愿意出 80 块的，再往后是愿意出 50 块的，再往后是愿意出 30 块的，再往后只愿意出 10 块钱。

那平均价格应该是（100+80+50+30+10）/5=54，也就是如果你真的把股票抛售光，会发现最后的价格并不是估算的 100 万，而是 54 万。

真实的情况比这个还要复杂，因为不同的层级也是有权重的，比如说愿意出 100 块的人只占了 1%，愿意出 50 块的人占 10%，愿意出 10 块的人，占了 80%，加权重计算一下，最后的实际价格可能只有 20 块。

看起来你是 100 万的身价，要真的变现，可能只拿到 20 万。

身价的问题就在于，它是按理想情况估算出来的，考虑到买家的分布,考虑到价格的深度,可能永远都猜不到最后卖出去是多少钱。

所以没法比,没意义。

那如果要比,只有一个办法,就是从现在开始大家一起卖,把所有的东西都卖光,一丁点儿都不留,看最后谁手里的钱更多。

这个时候又会出现一个矛盾,如果大家都同时卖,大家就会争抢客户,又会出现一个偏差。

所以还是没法比。

更进一步,你还要考虑到资产的回报方式,不同的资产,它的回报方式是不一样的。

比如说你有一个养鸡场,你每天可以去卖鸡蛋,这样你每天赚多少钱是固定的,每天都是正回报的。

如果你没有养鸡场,你想从零开始建一个养鸡场,该怎么办?你需要雇工人、买材料、盖厂房、铺设水电管路,也就是说,你一分钱都没有挣到,反而投入了很多钱。

但你能不能说我不挣钱呢,不能,因为你得拉长时间,我前12个月虽然都是负回报,但第13个月可能扭亏为盈。

十年磨一剑,那你说磨一下多少钱?不知道。

这个就是财富的维度,维度不同,深度不同,就没法直接比较。

对财富的科学理解,应该是粗略到不同的层级,而不是精准到具体的排名。

真正的辩论什么样

不要试图和"杠精"辩论,你得明白辩论的目的是什么,辩论对你有什么好处?

所有的"杠"精,都是通过辩论来寻找存在感的。

一个人只有时间无限廉价,整天无所事事,现实中没有人在意他的观点,没有人在乎他的存在,他才会有那么多精力,在网上因为一点鸡毛蒜皮的事情喋喋不休。

真正优秀的人,时间都很宝贵,不要说辩论了,你就是不停地去骂他,他都没有时间回复你,他甚至完全没有时间去看。

只有骨子里给自己打的标签是"自卑"的人,才会特别在乎别人的看法。

什么叫优秀的人,并不是说你多有钱,而是说你的时间非常昂贵,昂贵到不舍得浪费一分一秒去驳斥别人,他们所有的时间都放在自己最重要的事情上。

很多人以为擂台赛上那种辩论是真正的辩论,其实不是的,那种叫表演。

它的目的是把辩论表现得很精彩,让更多的第三方去观战。只有你看下去,节目才有意义,才有更好的传播效果,才能通过做节目挣到钱。

就好像拳台一样,那不是真正的战斗,那是表演。不管是直拳、勾拳还是虚晃闪躲,目的都是为了观赏,给下面坐满的观众看。

而真正的战斗是枯燥无味的,没有那么多精彩的动作,也没有那么多观赏性。真正的战斗当中,90%的时间不是在打仗,而是在搜集情报、在预判局势、在布兵设防、在推演沙盘。真正的战斗环节可能非常短暂,所有的预判准备完毕,这边一出击,那边就溃退了,绝对不是两拨人摆好在那边,你轰我一炮我轰你一炮,看谁的武器更先进,那叫打游戏。

这就是表演和战斗的区别。

真实的世界没有那么精彩,真正的辩论是以事实为基础,以逻辑为依据,非常枯燥、非常无聊,可能需要几万字的文章逻辑严密地环环相扣,才能系统完整地说清楚一个问题,绝对不是你说一句我说一句的。

辩论赛看看就行了,不要当真,你得明白它的本质就是娱乐——千方百计挑出一条小缝隙,鸡蛋里面挑骨头,给对手制造一些麻烦。

整个辩论的问题在于,双方的立场是锁定的。

真正的辩论是应该回归原点,真的是这样吗?真的需要这个辩题吗？真的是非此即彼吗？

真正的辩论是寻找真理，而辩论赛的辩论是打败对手。

很多人看多了这种节目，觉得嘉宾口才真好，我要是有这种口才，生活中应该很厉害。

弄反了。

辩论不是说服，辩论是让对方哑口无言，心生恨念。而说服是让对方心甘情愿，做你所想，做你所未曾想的。

你要想真正说服一个人，靠的应该是利益，绝对不是辩论。

没事不要去辩论，你的时间很贵的。

问题即答案，传播即人性

自证清白为什么难，因为你的清白根本不重要，对方想得到什么才重要。

你以为那些泼你脏水的人，他不知道你冤枉吗？不，他比你更清楚。

你以为那些传播谣言的人，他真的分辨不清吗？不，只是他有传播谣言的内在诉求。

证明清白很难很难，因为你无法叫醒一个装睡的人。

从人性的角度来讲，并不是他相信什么他才传播什么，而是说他想表达什么，他才选择什么去传播。

不是人们在相信观点，而是人们在选择观点。

很多爆火的文章充满情绪，漏洞百出，不是因为对，而是因为它恰好可以满足用户内心深处的诉求。

传播只是表象，背后的诉求才是本质。

比如我经常收到这样的消息，这个项目特别好，门槛两万美元，6个客户就能成为白金经纪人，每月佣金20万起步上不封顶，还有各种证书、各种合影，还受到英国金融行为监管局（FCA）的监管，你说能投吗？

你要是说不能，并且详细给出原因，从宏观经济到产业分析到无风险利率再到庞氏骗局的构造，完完整整讲一遍，那他的回复是——哦，可是那谁谁不就挣到钱了吗？

他真的是在乎事实吗，不是，他只是想找人肯定。这就等于在说，哥们儿，你快告诉我可以，我马上就要去买，我赶着去发财，我这辈子跟发财的距离，就差你这一句话了。

为什么总觉得劝人无效啊，因为他想要的，根本不是劝。

如果只看表象，就永远抓不住重点。

最典型的房价问题，那么多人关心房价，房价到底会不会涨？他们真的是关心经济吗？

不，他们关心的是利益。

如果他是一个没买房的，他错过了很多机会，房价从1万块钱涨到了5万块钱，那么他的潜台词就是，最好告诉我，房价会跌，快告诉我它能跌的理由，快告诉我之前我没买是对的，快告诉我那些买房的都会砸在手里。

如果他是一个买了房的，他倾尽所有付了首付，然后每个月辛苦地还房贷，那他最希望听到的就是，千万别告诉我买错了，快告诉我一定会涨，最好多涨一点、涨猛一点。

一个人的态度，取决于他现在坐在哪一边。

哪怕是长期看空房价的人，只要买了房，就一定希望涨。

哪怕是长期看多房价的人，只要卖了房，就一定希望跌。

而真相是什么呢？

是分化。

既不是涨，也不是跌，而是同时存在两个答案，涨的同时，也会有跌。

取决于什么城市、什么地段、什么类型，人口怎么样、产业怎么样、土地拍卖情况怎么样、新房二手房比例怎么样，是准新房还是20年的老房子、是城市核心还是远郊新区，要具体问题具体分析。

更多的时候，人们更愿意选择自己愿意相信的，而忽略了事实本身。

问题即答案，传播即人性。

给未知一点点时间

优秀的人都有一个特点，他们对知识不功利，他们都是广泛涉猎的。

他们从不去讨论这个知识有什么用、那个知识有什么用，他们更多的是先去学习，学习他觉得可能会有用的，学习他发自内心感兴趣的，恰恰是这些不功利，帮他打开了新的世界。

只有广泛的涉猎、广泛的跨界，人生的地图才会被打开。你才会发现原来不同的东西居然都是相通的，你才会感慨原来跨界的力量会帮你轻易甩开这么多对手。

而很多人恰恰卡在了这一步。

他们要求学的东西都是有用的，要求学的东西都是有直接回报的，这样就导致他们的视角特别狭窄，他们永远都困在狭小的红海里面，出不去。

他不知道有新的世界，不知道未知的力量，不知道未知的价值。

他们太功利了，功利到不肯给未知花费一点点时间。

之前我们讲过，如果一个东西确定是好的，那么它的竞争就一定会大到让你无利可图。

比如说考试，为什么这么激烈，因为大家都知道考试等于好，这样的话分数就会无限地抬高，你打鸡血我也打鸡血，一直累到你扛不住。

而真正让人生质变的，恰恰是那些不用考试的、那些没有进入考场的、那些你在目前还不知道它有什么用的知识。正是这些知识相互组合，产生了创意、产生了新的维度，让你脱颖而出。

乔布斯当年有一个演讲，叫"串联生命中的点滴"。

大学期间，他学了一门书法课，研究怎么调整字母组合，怎么调整文字间距，怎么让文字显得漂亮。

这种知识，充满艺术气息和历史底蕴，但你说有什么用呢？他也不知道。

然后这个事就搁置了。

十年之后，他在设计第一台 Macintosh 电脑的时候，惊奇地发现，知识串联起来了，他可以把设计用在 Macintosh 电脑的字体当中。那些当年他觉得没用的字体，居然可以使一台冰冷的机器充满艺术的温度。

如果你观察乔布斯时代的苹果产品，会发现它是一个感性和理性的结合体，充满科技感的同时，又不乏美学设计和人文情怀。

当大家苦思冥想手机的发展是不是已经到了尽头，当所有人都还在滑盖手机、翻盖手机、带跑马灯的手机里混战的时候，

iPhone4 的出现让所有人都惊掉了下巴。

这完全不是一个物种。

它不是一部手机，而是一台便携电脑，所有的按键全部扔掉，手写笔全部扔掉，双指操作放大或缩小。清晰度、流畅度、人性化、软件功能都有革命性的突破，而且极致简约，只有一个 home 键，温润如玉。

这是艺术和科技的跨界，正是这些跨界，开辟了一个全新的领域。

一个只懂艺术的人，或者只懂工业的人，是断然做不出这样划时代的产品的。

如果你也想成为一个优秀的人，就千万不要对知识功利。尝试未知的领域，相信跨界的力量，总有一天，你的知识也会串联起来。

商场如战场,内行看门道

无人机到底是会飞的照相机,还是带照相机的飞行器?

这有什么区别吗?

当然有区别,区别可大了。

很多人觉得无聊,因为他是外行。

我给你举一个更无聊的例子,当年在法律界有过这么一个争论:连裤袜到底是裤子还是袜子呢?

袜子派说应该是袜子,因为连裤是形容词,所以从名词解释的角度,它应该属于袜子。

然后裤子派表示反对,说名词解释不科学,约定俗成不代表正确,比如鲸鱼也不是鱼、海马也不是马啊。你得从本质考虑,袜子的本质是分离性——两个,而裤子的本质是一体性——一条,而连裤袜是个整体,所以它是裤子。

而且从功能上来讲,袜子是为了保护足部,但连裤袜是为了充当打底裤和包裹大腿,所以它也属于裤子,而且你看量词嘛,袜子我们用双，裤子我们用条，连裤袜呢，我们也用条，所以它属于裤子。

然后袜子派说不对，任何本质都不是先验的，袜子是否必然分离，裤子是否必然一体，只是一个现象而非前提。你要说量词的话，那英文里面为什么裤子、袜子都用 a pair of 呢？所以日常语言是不规范的，不能作为依据。真正要考察的是历史脉络，连裤袜是由长筒袜发展过来的，只是长筒袜太容易滑落，大家把它改成了连裤袜。

所以连裤袜在本质上属于袜子，不然为什么要叫连裤袜而不是连袜裤呢？而且从材料上来讲，连裤袜的质地为真丝或天鹅绒，明显和长筒袜吻合，你见过哪条裤子是天鹅绒的？

然后裤子派又表示反对，说量变会产生质变，连裤袜是由长筒袜发展过来的，但是连接的那一瞬间，就会产生质变，就好像人是由猿变来的，但你不能说人就是猿啊。另外谁说裤子不能是天鹅绒呢？我们现在不就有真丝裤吗？至于用什么材料，你得用发展的眼光去看待。而且连裤袜发展到现在，已经出现很多变种了，有些底部已经开口，你还得再穿一双袜子，这种连裤袜连袜子的属性都抹去了，还能叫袜子吗？所以它是裤子。

然后袜子派又表示反对，具体内容我就不再说了。

那最后的结论是什么呢？

连裤袜既不是裤子也不是袜子，连裤袜就是连裤袜，它是一个独立的概念。

外行一听，哎呀，崩溃了，说你讨论这个干吗呢？不，这个很重要，它涉及法律当中一个很关键的点，如果有人喝醉了，扒了别人的连裤袜，请问他扒的到底是裤子还是袜子？到底要怎么定性，这才是关键点。

明白了这个，再看无人机。

它到底是会飞的照相机还是带照相机的飞行器，看似无关紧要，却直接关系到我们的高科技产品能否顺利进入海外市场。

因为如果是带照相机的飞行器，就必须按照飞行器监管，而各国的贸易管制非常严格，很容易形成贸易壁垒；如果是会飞的照相机呢，那就可以按照照相机来监管，是没有什么特殊要求的，这样的话，我们的高科技就能顺利打开海外市场。

商场如战场，当年无人机差一点就被归类到飞行器里了。

2018年4月，在世界海关组织协调制度委员会（HSC）第61次会议上，我们的"大疆无人机"以一票之差，被归类到了带相机的飞行器，一下子就非常被动了。

当时肩负国家利益的中国海关代表，充分利用规则，说我们保留意见，9月再讨论，这样就争取到了宝贵的五个月。

就是这五个月的时间，各个部门通力配合，联系专家整理材料制订方案。终于在HSC第62次会议上，据理力争、反复游说，把它归类到了摄像机品目8525项下，为我们的高科技产品进入海外市场扫除了障碍。

同一件事，外行看热闹，内行才看门道。

娱乐产业的大阴谋

你可能不知道,让你无法自拔的短视频,可能源自一个惊天大阴谋。

事情得从20世纪90年代说起,当时美国旧金山举行过一个全球500名政治精英的会议,其中包括布什、撒切尔夫人,还有比尔·盖茨等全球的热点人物。

这些精英人群一致认为,全球化会造成一个非常严重的问题,就是贫富悬殊。这个世界上20%的人会占有80%的资源,然后那80%的人会被边缘化,将来会面临你死我活的阶层冲突。

而且大家发现,没有任何人有能力改变这种二八现象,所有解决的办法有且只有一个:"奶头乐"。

这是美国前国家安全顾问布热津斯基提出的理论,就是给一个奶嘴去安抚穷人,比如网络、电视和游戏。有了奶嘴的安慰,哪怕吃不到奶,他们也不会哭闹,就再也不用担心他们有什么不满了。

你为什么无法自拔、为什么沉浸于短暂的愉悦,因为你正在被奶头乐的阴谋控制。

因为这是一个精心编造的阴谋论，为了阴谋而阴谋，至少有四个严重问题，坐好了，揭秘开始：

第一个问题，疑点太多。

任何故事，一定要先分清真和假，再去思辨对不对。而照妖镜，就是原始出处。一定要找到第一手资料，你说了这么多细节，总有一个原始出处吧，谁报道的、报道在哪里、具体哪一天哪个版面、报道人是什么身份、到底可不可信等。

当你仔细去查的时候，你把 Brzezinski（布热津斯基）和 Tittytainment（奶头乐）一起搜索，你会发现连维基百科的英文版都没有记录，因为疑点太多、证据太少。

你会发现除了两个参会的德国记者，其他任何人都没有提及；你搜索布热津斯基的任何新闻，也找不到和奶头乐相关的内容。

可这个会议是和全球多家媒体达成的合作，很多媒体都有报道权的，还有些媒体在做现场直播，为什么偏偏只有这两个德国记者记录了？

为什么其他媒体都没有转载，甚至连德国本地媒体都没有更多的报道？为什么你搜其他的词语都可以找到多个报道，唯独这个词语没有？

你说他说过，好，证据链呢？

第二个问题，违反逻辑。

所有人都告诉你贫富悬殊会越来越严重，没问题，但你得多问一句，然后呢？

就好像一辆车，你可以加速再加速，相应地，空气阻力也会越来越大，一直大到抵消你所有的加速度。

贫富悬殊也是一样，富人的时间成本越高，意味着穷人赚钱的机会越多，意味着贫富之间的虹吸作用就越强。

两个国家贫富差距越大，就意味着贸易的可能性越大，穷国稍微打点零工就能挣钱，富国稍微付点费用就能覆盖时间成本，没有任何方案比它们两个相互合作更优，这才是真实的结构。

无论富国主观上愿不愿意，客观上，它都会带动穷国。

你去看嘛，富人区、CBD、金融中心，这些富人集中的地方，会一圈圈扩散衍生需求，会一步步把周围的产业拉动起来，就是因为时间成本。

因为富人的时间成本太高，他必须花钱买时间。

你说我不买行不行，我就自己干。可以，你干得越多，亏得越多。

泰森可以自己擦玻璃，但他可能错过一场比赛，他可以省下30美元的清洁费，但也得放弃3000万美元的出场费。

富人未必都是好人，但一定不是傻子。

第三个问题，忽略博弈。

有人以为奶头乐是齐刷刷地规定出来的，是一个全球性的阴谋。

有人认为所有的国家是一个整体，为了同一个目标，会齐刷刷地行动。

可你要知道，国家之间是相互竞争的，就算奶头乐是真的，为什么你要做的我也得做呢？为什么你要沉迷游戏我也得沉迷呢？我能不能趁你沉迷的时候加把劲呢？能不能在你睡觉的时候偷偷看看书呢？我们能不能趁机发展点高新科技呢？

当然可以啊。你翻开任何一本历史书，都会看到这么一句话：没有永远的朋友，只有永远的利益。对吧？

第四个问题，忽略市场。

你仔细想一个问题：那些 NBA、世界杯、电影电视节目、网游手游和短视频，真的是为了给你奶头乐吗？

不，人家只是想赚钱啊。

目的非常单纯，就是想赚钱。

有钱赚，他才有动力满足你的需要，而这些需要，恰恰可以客观上规模化生产，降低成本。

比如手机，正是无数的人用来闲聊、听歌、自拍、美颜、玩游戏、刷视频，才创造了海量的需求，分摊了价格，才使得商家有足够的动力去生产迭代，才使得一个可以媲美航天科技的精密仪器便宜到人人都买得起，才使得摩尔定律可以持续生效、持续降低成本。

20 世纪 80 年代没人拿计算机玩游戏，80 年代的计算机得多少钱？

正是因为民营化、大众化的便车，才降低了高科技的成本，让高科技借助市场的力量造福每一个人。

娱乐产品自古就有，它是生产力提高的表现，正是用更少的时间满足了基本需求，大家才有更多的精力去休闲娱乐，这才是正确的逻辑。

真正危害一个人的，并不是奶头乐，而是无脑跟风的阴谋论。毕竟油门小一点，车还是可以开的，但方向盘没了，是要翻车的。

财富趋势

03

看准趋势,抓住风口

元宇宙本质是什么

不要觉得元宇宙遥不可及,其实你一只脚已经在元宇宙里面了。

你觉得它遥不可及,是因为你被带进了一个误区,你以为元宇宙是硬件,比如一定是要穿戴齐全,或者开发一个脑机接口,然后进入另外一个梦境般的世界,空气中弥漫着科幻片烧煳的味道。

不对的,这只是元宇宙的外表。

外表是最会迷惑人的,比如鲨鱼和海豚,长得像兄弟俩,但一个是鱼类,一个是哺乳类;一个靠腮呼吸,一个靠肺呼吸。

如果研究本质,你会发现,元宇宙既不是高科技穿戴,也不是低延迟沉浸感等八大要素,元宇宙的真正核心,是时间。

你愿意花多少时间,在这个新系统里面,才决定了它是不是元宇宙,它到底有没有意义。

如果没有时间基础,再精妙的系统、再高科技的设备,也是一堆垃圾。

想象一下，你穿戴好最新的设备，一键进入元宇宙，各种虚拟世界来回切换，这边经营着商业帝国，那边用非同质化代币（NFT）炒起了土地，然后呢，20分钟后你出来了，说明天继续。

好，你拍着胸脯问下自己，这是元宇宙吗？

不是，这只是个偶尔玩一玩的大型游戏而已。

元宇宙的价值基础是时间，只有你愿意一天花12个小时甚至更多，它所有的架构才有意义。

时间之于元宇宙，就好像人之于城市。

没有人的城市，再好的道路、再新的楼盘、再豪华的商城，本质也是一个空城。

有人的地方，才有财富。

有时间的地方，才有生态系统。

好，明白了这个，我问你，元宇宙的竞争对手是谁？

是现实世界。

人类真正稀缺的，其实只有一种资源，那就是时间。你再怎么样，一天都只有24小时，到底是花在现实世界，还是花在虚拟世界，这才是核心的争夺。

不是说满足了八大要素就是元宇宙，而是有了时间做基础，八大要素才有了存在的价值。

好，明白了这个，我再问你，元宇宙的雏形是什么？

是互联网。

互联网的本质，就是时间的争夺，它在一个虚拟的世界，建立一个全新的生态，然后抢走你现实中的时间。

没有互联网的时候，所有的交易要在线下进行，买衣服、买菜、写情书、谈业务，全部要走线下。

互联网诞生之后，我们会发现，越来越多的时间正在被它蚕食，越来越多的行为正在抽离物理世界。

如果元宇宙是一个高等生命，那么互联网就是一个单细胞生物。

这个生物在不停地进化，从最开始的电子邮件，到后来的门户网站，再到后来的移动社交，它变得越来越高等、越来越复杂，占用的时间也越来越多。

今天，它变成了什么？

短视频。

短视频是一个可以锁定你时间的黑洞，打开屏幕你就停不下来，蹲厕所的时候没带手机，都会隐隐觉得哪里不对。

当它承接了你所有的生活，它就抢走了你的现实世界。

这，才是元宇宙。

至于它是用VR眼镜还是什么感光器材，是脑机接口还是芯片植入，根本不重要，只是展示微不足道的细节。

元宇宙的本质，是时间。

短视频到底有什么用

如果高科技就能变富，为什么这么多国家不做高科技呢？

为什么所有高科技集中的国家都是发达国家，为什么从来没有一个穷国，比如说尼日利亚，搞点高科技就发展起来了呢？

因为高科技是要有本钱的，没有钱，就不要谈高科技。

高科技是个吞金兽，它是 0 和 1 的区别，不是你倾其所有终于做到了 0.99，就差不多了。不对的，0.99 还等于 0。

高科技也不是单点突破的，它是一个系统的推进，需要你同时做好所有的东西，比如说零部件供应，比如说管理系统，比如说人才储备，差一个环节都不行。

在讨论高科技之前，你得先明白因果，先有经济，才有高科技。

高科技是锦上添花，不是雪中送炭。

所有高科技的比拼，背后都是经济的比拼。

而经济是什么？不论是汉语还是英语，都是一个意思：省钱。是资源的高效利用，是同样的一笔钱，花在什么地方可以产出更多。对于任何一个国家来讲，任何时候都是一个残局，牌都是没有完全准备好，都有各种各样的缺陷，那怎么把有限的资源发挥到极致，就需要一个更高的效率机制来运作，而这个机制就是市场。

所谓市场就是这个地方到底应该开一家饭店、一家书店，还是一家咖啡厅，你到底是应该去做销售还是做一个油漆工，还是做一个程序员？

市场会通过自发的调配，让每一份资源物尽其用，让总体产出达到最大。

无论你手里的牌多普通，我都可以打出一个更漂亮的结果。

这就是第二点，效率。

明白了这一点，接下来才是最关键的——如何提高效率。

这里先纠正一个普遍错误的观点，比如很多人觉得苹果产品是高科技，不对的，它当年所有的技术都是市面上已有的技术，只是这些技术躺在了实验室里。

那为什么不在市场上呢？因为它的阻力太大，它的成本太高。东西是不错，可是你要抵达每一个人，让每一个人去了解，让每一个人去用，那这些毛细血管所消耗的能量就会无限高，一直高到覆盖你所有的收益，最后变成一个亏本的买卖，只能躺在实验室里。

要想普及这些科技，你必须尽量降低摩擦成本，通过一个大家都要用的东西，比如手机，来尽量击中更多的用户。只有用户多了，才能降低边际成本，才能激活摩尔定律持续降价，才能让更多的人用更低的价钱买到手机，从而进入一个更大的循环。

有了用户基础，有了足够的数量，才能有效分摊成本。你才能把一个可以和航天科技相媲美的高科技产品，以1000块钱的价格普及到每个人的手里。

你想一想，如果不是民用化普及，如果不是用来聊天拍照玩游戏，你习以为常的手机，那个多点触摸屏，人脸识别，只有5纳米、每秒钟能计算10万亿次的晶体管，到底要卖给你多少钱，才能收回成本？

再加三个0，也未必打得住。

短视频也是一样，看上去它是在玩，实际上它是在构建生态系统，只是这个构建的方式是通过玩。因为你只有找到最多的人感兴趣的东西，才能把最多的人凝聚在一个平台上，才能基于这个平台去构建一个生态系统，才能基于这个生态系统去建立无限商业连接的可能。

你可以认为它是一个平行于现实世界的生态系统，所有现实世界的商业模式，都可以在这个生态系统中重演一遍，而且它会有更高的效率、更精准的推送、更低的摩擦成本。

比如现实中，你想找一个用户，又很想节省这个成本，你不知道怎么去节省，但是在平台上就很简单，你喜欢什么？你需要什么？都可以根据你的需求去精准地推送。

它精准地对接了买方和卖方，把中间成本节省下来，指数级地提高了商业效率，它带来的是整个社会生产力的进步。

瓦特并没有发明蒸汽机，他只是改良了蒸汽机，那为什么课本上写的是瓦特的名字呢？

因为效率。

学习的诅咒是什么

什么是学习的诅咒？

就是如果你需要学习，说明这个行业你不懂。问题在于，如果你不懂，你又不知道去跟谁学。

这才是最大的问题，绝对不是学习过程中的细枝末节。

学习的第 1 步，是听老师的。

学习的第 0 步，是选对老师。

大部分人觉得学习难，并不是不够努力，而是他们在分辨优秀老师的技能上，几乎为 0。

学校和社会是两个赛场。

在学校里，所有的老师都是确定的，你只需要循规蹈矩，不需要管这个老师对不对，也不需要管他教得好不好，就算你不喜欢他，也得跟他学，也不能换班。所以，这个时候你所有的努力都集中在如何消化这个老师讲的东西上。

在进入社会的一刹那，规则就彻底被改变了，但是大部分人对此毫无察觉。

进入社会之后,学习就不是第一位了,因为在学习之前,还有一个底层的规则,就是你怎么知道哪个老师更好。

学之前不会选老师,学的路上就会吃尽苦头,这就是第 0 步的重要性。

问题在于,当你去选的时候,你发现,信息过剩了,无数的老师、无数的方法,怎么挑?

记住一个原则:体系有框架,实操有效率。

所谓的框架,就是在你走迷宫的时候,偷偷塞给你一张航拍图。有了这个图,你就知道每一步是为了什么,你的每一个行动才有了意义,否则你就像一个新司机跟着导航走,左拐右拐……尽管最后到了,但怎么到的,不知道。

你看很多 Photoshop 的书不都是这样吗? 46 步教你 P 出这样的效果,从第 1 步到第 46 步,清清楚楚、事无巨细。问题在于,你永远不知道为什么要从第 1 步到第 46 步,为什么是这样的顺序,为什么第 6 步和第 13 步不能互换。这样的结果就是,看上去每一步操作你都懂了,可就是不知道自己在干吗。

书一合上,你就傻了。

没有框架的老师,不是好老师。

只有框架也不行,还要有效率。

学校里的老师和社会上的老师是不一样的。

学校的老师讲得慢,是因为要考虑到全班的进度,要照顾到较差的那些学生,使得整体可以按同样的速度推进。

学校是一条流水线，是按最低标准去兼容的。

但是社会上不一样，它不需要考虑兼容问题。社会上的老师，效率才是第一位，如何用最简洁的语言讲清楚最复杂的问题，如何化繁为简、举重若轻，把1分钟当40分钟用，这才是功力。

复杂的，往往是不对的；简单的，才是好老师。

学会第0步，才能赢在起跑线。

短视频体量有多大

先行者都撑得要吃消食片了,传统行业还在想:你说我早点睡,能不能省顿晚饭呢?

同样是卖水产的,先行者可以日销百万,传统行业只能维持温饱。

同样是教口语的,先行者可以万人在线,传统行业只能找个兼职。

同样是做旅游的,先行者早已订单爆棚,传统行业还在等待复苏。

同样是做音乐的,先行者的定制音箱卖到断货了,传统行业还在纠结 CD 不赚钱怎么办。

大部分传统行业,对抖音的体量一无所知。

他们总纠结一个问题:现在做抖音晚不晚?

这就好像在 2008 年问淘宝还能不能做一样。

刚刚成立 5 年,你就问人家能不能做,你太小看这波趋势了。

要知道，同样是生态系统，淘宝到现在都20年了，才轮到用"盛极而衰"这个词。而我要提醒你的是，抖音的体量可是淘宝的N倍，不论是上限还是时间，都会远超当年的传统电商。

你说为什么呀？

四点，记好了。

第一，商品数量。

淘宝只是实物商品的1.0，而抖音是全部商品的2.0。

淘宝上你买到的是一件衣服、一部手机、一副眼镜，几乎全都是物理实体。但是抖音不一样，除了刚刚那些，它还有大量的虚拟商品知识付费，你可以买到一个英语课程，你可以参加一个健身社群，你可以融入一个行业圈子。

商品的数量大了N倍，交换的可能就大了N倍，生态系统就大了N倍。

第二，触达效率。

淘宝是你知道要买什么，才去搜什么；而抖音是哪怕你不知道该买什么，我也能帮你猜出来。

淘宝的逻辑是，需要什么你就搜什么。需要剪刀，你就搜剪刀；需要鼠标，你就搜鼠标，随时随地想淘就淘。问题在于，如果你不知道自己该淘什么呢？或者你明明需要但是你不知道叫什么名字呢？

比如说快递单的隐私问题，怎么解决？

靠手撕还是用小刀划还是用钢丝球擦还是涂点墨水什么的？

其实都不是，标准答案应该是热敏纸涂改液，一涂就掉，无影无踪，比你用胶水还方便。

可是在搜之前，你不知道有这玩意儿啊，就算你想到，你也不知道它的学名是热敏纸涂改液啊？

搜索解决不了的，推送可以解决。

你想一想百度，万年不变的简洁首页，为什么加上了信息流，因为要满足不知道的那部分需求。

触达效率大了N倍，需求就大了N倍，生态系统就大了N倍。

第三，信任锚点。

淘宝你是冲着店家去的，而抖音你是冲着那张脸去的。

你去淘宝买东西，是因为相信这家店铺，因为这家店铺的评分高。你去抖音买东西，是冲着这个人，你喜欢这个人，你相信这个人，你认得他那张熟悉的脸。

我们从来不缺商品，但是我们缺有信任度的商品。

而信任度的传递，就得靠人。

你去买房子，相信的未必是某家中介，而是带你看房的那个小伙子，你觉得人踏实。

你去买保险，相信也未必是某某500强，而是卖给你保险的那个人，你觉得很靠谱。

所有的信任，都要基于人展开。

一个创业者，啥都没有，上来就融了3000万，靠的是什么啊？

就是人。

信任度大了N倍，门槛就低了N倍，生态系统就大了N倍。

第四，使用时间。

淘宝是你买的时候才会打开，抖音是你买不买都会打开。

所有 App 的竞争，看上去是不同的赛道，本质上都是在争夺时间——消费者的时间只有一份，用了你就用不了我。

有时间的地方才有价值，有人的地方才有财富。

时间多了 N 倍，体量就大了 N 倍，生态系统就大了 N 倍。

短视频还能不能做，短视频现在做晚不晚，短视频还有多大的机会？

先行者看到奇迹的地方，末班人只看到虚无。

现在做短视频晚不晚

现在做短视频晚不晚,这么多人都在做,这么多人都在教,那就说明它已经是红海了。

那我进去,还有机会吗?

说出这样的话,你至少犯了两个错误。一个比一个致命。

第一个错误在于,孕妇效应。

怀孕了就更容易发现孕妇,开奔驰就更容易看到奔驰,买了个 LV 就会发现满大街都是 LV,这就是孕妇效应。因为你会不自觉地去寻找同类,觉得好像同类变多了,其实人家一直在那儿,只是你之前留意不到而已。

你觉得做短视频的多,是因为你想做了,你开始关注了,孕妇效应就来了。

更要命的是,孕妇效应在短视频平台又被放大了十倍,现实中你看东西是随机的,但是短视频不一样,它有兴趣推荐,你越喜欢看,它推给你的就越多,最后就会产生一个错觉,好像全世界都在学短视频。

这就是信息茧房,进入容易,出来难。

数据不重要,跳出数据的独立思维,才重要。

第二个错误在于,你只见树木不见森林。

你看到的是短视频,是很多人都在学,是很多人都在教;你没有看到的是:任何一个产品都要讲细分。

什么叫细分,比如说淘宝的衣服,无穷无尽,源源不断,你不吃不喝从早上滑到晚上,累得你的大拇指得了腱鞘炎,你都翻不到底。

你只要稍加几个选项,比如说男性、蓝色、小立领、XXL、500块以上,发货地北京,你就会发现,看似海量的选项只剩下寥寥几个结果。

这就是细分。

男装和女装是不竞争的。

西装和牛仔裤是不竞争的。

流水线工厂和大师手作是不竞争的。

品类不重要,细分品类才重要。

把这个道理带到短视频,你要看的是什么?

是看你自己的行业,看你现在的同事,看你线下的竞争对手有没有在做。

你是一个会计、你是一个导游、你是一个卖海鲜的、你是一个房产销售,请问,你的线下同行都在做吗?他们都知道怎么做吗?他们都做得风生水起吗?

这就是悖论，如果他们做得让你眼红，你自然就会去做，根本不需要再问这个问题。如果你需要问，恰恰说明你周围的同行没有一个能做起来的，没有一个懂怎么做。

这不叫机会，还有什么叫机会？

这不叫入场时机，还有什么叫入场时机？

普通人的风口在哪儿

有没有这么一个行业,几乎把"赚钱"两个字写到脸上了,很多人还视而不见的?

有,短视频行业。

未来几年最好的机会是什么?未来几年最挣钱的是什么?普通人应该做点什么赚钱?

短视频。

对普通人来讲,最好的行业就是做短视频,没有之一。

首先从趋势上来讲,短视频为什么火?之前我讲过啊,因为信息成本。那些长篇大论的文章为什么传播困难?因为用户没有那么多时间啊,他不想听你废话连篇,他不想在3000个字里找出100个字的重点。而短视频不仅把这些问题全都解决了,还给你增加了个性推荐,结果就是用户根本停不下来。短视频已经成了浪费时间的利器,你上个厕所刷一下,等个电梯刷一下,根本克制不了。

除了信息成本，短视频还极大降低了信息门槛。以前是几千字的文章，阅读能力要求很高，现在是几分钟的视频，动动手指就行，完全无脑操作，这样的结果就是受众范围大幅增加。

你看公众号的文章，可能阅读量达到 10 万 + 就是爆款了，但是一个短视频有 10 万的播放量，非常非常简单。

流量是什么，流量就是钱啊，你做任何生意，不都是搞流量变现吗？

你租个店铺卖衣服，店租不就是月付的流量费吗？

更进一步，随着习惯的转移，用户的行为也发生改变，这就是所谓的跨界打击。

淘宝花了这么多年修建的护城河，慢慢发现有问题了，因为出现了兴趣电商。

以前是你需要什么就搜什么，现在是哪怕你不知道需要什么，我也能猜出你需要什么。

百度从第一天开始就做搜索，结果发现用户的习惯改变了，因为短视频远比文字高效。

以前你搜一个名词解释得看半天，还得从一堆结果里面挑，现在一分钟跟你说清楚，一句废话没有。

这是效率的碾轧。

你看淘宝开足马力拍视频，哪怕你有图文介绍，也一定要商家拍视频。你再看百度，各种补贴、各种激励，就是想在短视频赛道占一个位置。

如果这不叫趋势，我不知道什么还叫趋势。

这些都是国内的例子。国外呢？你看TikTok，也就是抖音海外版，在各个国家都是绝对的领先，几乎找不到竞争对手，所有国家所有地区不分种族不分肤色全都狂热地陷了进去。

如果这不叫趋势，我不知道什么还叫趋势。

但是有趋势不等于能赚钱，很多趋势门槛太高，普通人挤不进去。

当年网购是趋势，可是电商运营你会吗？产品货源你搞得定吗？

当年公众号也是趋势，可是每天几千字的文章，你写得出来吗？你有那个知识储备吗？

你知道它是趋势，但是你赚不到钱。

可是短视频不一样，它门槛极低，对普通人极度友好。

第一点，它可以低成本试错，就是我们讲的MVP，你不需要雇员工租场地，你不需要每天一睁眼就欠几千块钱，你不需要担心万一失败愧对孩子愧对家庭，你只需要一部手机，把你想表达的东西表达出来，零成本，零成本，零成本。

很多人创业为什么亏，因为他们选择了传统行业，比如一个奶茶店，哪怕看起来很小，结构也极度复杂，从选址到装修到管理到供应链再到标准化操作，每一个都是一门单独的课程，任何一个环节出问题，都会挂掉。但是互联网不一样，哪怕你做得再大，结构也非常简单，无非就是获客—变现—获客—变现。互联网更看重的是优点而不是缺点，互联网更放大长处而不是显示短处。

第二点，它对新人非常友好，你不用担心百万大V抢走你的流量，不论你是新人还是老人，都可以利用算法来击中更多的用户。它是基于优质内容的分发，只要你的内容有价值，就不用担心别人看不到。如果内容平平，哪怕有百万粉丝，点赞也依然少得可怜。其实很多人不知道，从算法上来讲它是更有利于新人的，任何一个平台都不想自己的内容固化，同样的内容质量，它会优先倾斜新人，给新人更多的机会，你想想是不是这个逻辑。

第三点，它完美地符合了创业中的流量思维，就是你不要先有产品再去找客户，而是先有客户再去找产品。只要你有流量，自然就有无数的对接方式，你就一定是可以变现的。很多人为什么做生意失败，因为他们先有产品再去找客户，我觉得我的东西特别好，我觉得一定能卖出去，结果倒在了这些毛细血管上面。因为客户分散在千千万万的角落里，找客户的成本太高了，高到一直把你拖垮。

而短视频不一样，它可以利用兴趣、利用优质内容，以极低的成本抵达潜在的客户，有了客户，你只需要把产品放上来，就行了。

第四点，它会重构传统行业。短视频是个巨大的生态系统，一个可以抗衡线下甚至超越线下的新生态，绝大部分行业都会在新的生态链中重新架构。比如以前你是个卖渔具的，租了个门面，卖的是商品，现在你可以拍钓鱼的视频，可以讲解钓鱼的知识，通过信任来获客。你卖的是专业度，你卖的是信任感，你卖的是用户相信你那张脸。

这样就意味着，几乎任何人都会有机会，因为所有的消费者都只能精通一两个行业，他们对 99% 的领域都是不了解的，他们对 99% 的行业都是有需求的。

不要高估用户的专业度，你要做的就是：比对手快一步。

通过对经济学的研究，对底层规则的推演，我发现规则是相通的，我把其他行业的经验移植到短视频里，发现它依然是有效的，而且是极具指导意义的，这就是你为什么可以看到我全网的近千万粉丝。

最开始做短视频的时候，我是完全没有经验的，所以遇到了很多不可知的问题。这些问题如此独特，网上根本搜不到标准答案，甚至有很多完全不同的说法，以至于你很难判断到底谁对谁错。

我反复说，判断对错，是一等一的难事。在这种不清楚方向的情况下，在这种没有经验的情况下，依据我对世界的理解和判断逻辑，我写了一个当时的应对方案和策略，后来证明，完全正确。

短视频是一个大风口，入手简单，变现成熟，下有底上无顶，只要你去学，只要你拼命，就会有无限多的可能。对普通人而言，我想不出比这个更好的机遇。

风口虽大，但风不会一直等着你。

你的生活没人在意

想把抖音做好，一定记住这句话：千万别被广告语误导。

抖音的广告语是什么？

记录美好生活。

你要是真记录了你的美好生活，那么你一定会黄的。

因为你没有明白整个事情的本质。

同一个广告语，你从平台的角度去看和从个人的角度去看，是两个世界。

先说平台，它为什么要起这个广告语，它的目的是什么？是为了击中最多的用户。而为了实现这个目的，它就必须找到一个所有人都感兴趣的东西，比如分享。它希望每个人都可以分享，每个人都可以上传自己的视频，这样它才能增加平台的黏性，才能源源不断获取用户自发贡献的内容。

你要知道平台本身是不生产内容的，它只是分发内容，所以它要做的就是，尽量让 6 亿人每天都停留在上面。你可以看别人的分享，感受内容的快乐；你也可以分享自己的，感受被关注的快乐，把你的生活和平台绑定在一起，把你的时间和平台绑定在一起，这个才是它的目的。

所以才会有这句"记录美好生活"。

阳光、积极、向上，击中每一个人。

问题在于，你的生活美好吗？

你的生活有人看吗？

你的生活有人在意吗？

没人在意，你那叫自嗨，你之所以是一个普通人，就说明在生活中，没人去关注你的生活，没人觉得你有多了不起，没人觉得你有什么特别的才艺和能力。你的生活平淡无奇，像白开水一样，那别人为什么要去看呢？

你当然可以记录美好生活，但记录的结果，就是永远在你已有的小圈子里传播，你的二叔三大爷七大姑八大姨，每人点了一个赞，完事了。

外人永远不会共鸣。

如果你真的想做抖音，就必须突破已有的圈子，就不能只图自己爽，你要让你的观众爽。

你仔细想想，那些做深夜美食的，真的是饿得不行非得吃点东西吗？那些做旅游VLOG的，真的是哪儿也没去过见啥都特兴奋吗？再直白一点，那些穿黑丝袜的小姐姐，真的是生活中特喜欢穿黑丝袜吗？

那些能火起来的，从来不是他自己喜欢什么，而是他知道，他的观众喜欢什么。你觉得爽和让别人觉得爽,是两回事。

如果你的立场永远是自嗨,那就永远不可能做起来,没人会喜欢你平淡无奇的生活。

人家明明可以看唱歌跳舞的小姐姐,明明可以看特技炸裂的小电影,明明可以看让他笑到抽筋的搞笑剧情,为什么要看一个陌生人白开水一样的生活呢?连镜头都拿不稳,配个音乐就发上去了。

你看到的所有的爆火、所有的一夜成名、所有的现象级作品,背后都是精心的策划和深刻的人性洞察,深刻到甚至让你察觉不出来它是刻意的。

如果你真的想做好抖音,就不要被广告语带偏了,除非你的目标客户就是八大姨。

没人在意你的生活,大家只会关心我想看到什么。做内容,永远记得,如何创造别人喜欢的东西。

短视频为何异军突起

为什么长视频辛辛苦苦建立的护城河,在短视频面前不堪一击?

爱奇艺苦干十年,月活跃用户 5.6 亿。腾讯视频砸重金,月活跃用户 5 个亿。

你看抖音短视频短短几年,日活跃用户破 6 亿,注意是日活跃用户,一天的用户比它们一个月的还多。

为什么会这样?我们经常说想赚钱就得判断趋势,而判断趋势就要抓住规律,弄明白短视频为什么能够超越长视频,就能把握很多商业的底层逻辑。

先问一个问题,商业之所以升级,核心是什么?是效率。

汽车替代了人力车夫,因为汽车的效率更高。

手机替代了书信往来,也是因为效率更高。

你去观察所有的行业,它只要升级了,一定是提高了效率,要么时间更少,要么成本更低,要么速度更快。

短视频超越长视频,本质也是效率的胜出。

胜在哪儿呢？

信息成本。

我们生活在一个信息过剩的时代，信息多到你看不完，你一辈子不吃不喝不睡也看不完。更多的时候是你终于看完了，结果发现是个垃圾，浪费了你宝贵的两个小时。

看部烂片吧，晚上下班哪儿也没去，就在电影院坐着，出来之后最大的收获就是：真不该去。

这就是信息成本，去之前你是不知道的，你不知道它是烂片，你不知道它不值那个时间和票价。

信息不重要，有价值的信息才重要。可筛选这个动作，是极度耗能的。

长视频内容多不多？多。信息量大不大？大。可你需要筛选啊，你需要花精力判断哪些是有用的，这个效率是极度低下的。

因为它很长，你不看到后面不知道它是垃圾。可你要看的话，时间又扔进去了。

你想鉴别，那就只有按热度、类别、留言，自己去查、去分析，这很费脑子的，很累的。

长视频就像选餐馆，它告诉你厨师是几星级的、做的菜是什么风格、味道是偏辣还是偏甜、原料是从哪儿进的、平时客户多不多、大家的评价都怎么样，然后你通过这些信息来判断要不要去吃，今天要是吃腻了明天应该吃什么。

而短视频呢？直接试吃，喂到嘴里。

来，客官，尝一口，不用管那些乱七八糟的。我看您像南方人,来,这是我们的清炖鲫鱼,您尝口汤,这道菜呀,鱼汤才是精华,您要是喜欢喝,我天天给您换着口味做,喜欢您就多喝两口,不喜欢啊,您就摆摆手。

这叫什么?效率。

摆在桌子上不行,最好是喂到嘴里,还得挑最好吃的那口喂嘴里,还得帮他想,明天要怎么换个口味。

而这些,长视频全都做不到。

不仅如此,为了生存,它还不得不额外增加信息成本。

那就是广告。

打开一个10分钟的视频,还不知道质量怎么样呢,先看80秒的广告。万一不合适,我换一个,又是80秒的广告。那我这一下午就不用干别的事了。

我连你们家的饭好吃不好吃都不清楚呢,你就让我先排队,前面还有6个大桌,那我为什么要来你们家吃呢?

所以在信息成本上面,短视频完胜。

大多数人看视频不是为了多么专业多么深入的学习,相对于长度,他们的时间成本更贵,他们需要在更短的时间里获得更多更关键的信息。他们不想先看广告,也不想听废话连篇,就想在最短的时间弄清楚这个东西好不好:好,再说;不好,拜拜。

用户的心力是很贵的,而且会越来越贵;用户的行为是很懒的,而且会越来越懒。

这个,就是底层规则。

为什么微信不做进度条

我觉得我比张小龙聪明,就是那个微信之父张小龙。

很多人说他是顶级的产品经理,我觉得不对,我才是。

比如说吧,我觉得微信语音应该加个进度条,听到哪儿拖到哪儿,多方便,可是张小龙就想不到。

同事给我发几条消息,第 48 秒的我没听清,你说怎么办,居然只能从头再听一遍,那 48 秒啥事也做不了,就在那儿等着,太反人性了。一个进度条不就解决了吗?还顶级的产品经理,我看都不如我。

好,问题来了,为什么这么好的功能,为什么这么明确的需求,路人甲都知道的痛点,微信到现在还不做呢?

想明白这个,才是高手。

其实可以反推嘛,一个如此明确的需求,技术上也非常简单,为什么迟迟不加?

一定有一个看不见的因素,阻碍了它。

只是这个因素，普通人看不见，但是，高手看得见。

那就是：产品定位。

所谓的进度条，根本是一个伪需求，它是基于自我的角度出发的。

你为什么会共鸣？因为你在用它办公啊，对办公而言，首要需求是效率，高效传达信息。问题在于，微信的定位不是办公软件，它是一个聊天软件，一个国民级的聊天软件，十几亿用户在用。他们需要发照片、需要聊天、需要视频、需要看对方的朋友圈，当你把所有的用户都考虑进去的时候，第一位就不是效率，而是简单。

120万和12个亿是两套逻辑。

你要满足十几亿人，就不能强化某个功能，就必须通俗简单，简单到不能再简单，简单到大爷大妈也能轻松上手。

简单有多重要，我给你举个例子吧，当年那些大妈大爷为什么不会用电脑？

其中一个原因你可能想不到。

他们不会用鼠标，确切来说是不会用鼠标的右键。因为他们理解不了，鼠标为什么要有两个键，好复杂呀，每次按下去之前，手都会抖，会仔细思考到底是按这个，还是按那个，哎呀又忘了，电脑可真难啊，学不会，学不会。

你教过长辈用电脑，你就知道这个痛点，他们会问出各种你想不到的问题。

一个简单的双击，他们能紧张地把文件夹拖到回收站里，然后惊恐地问,哎呀,我是不是把电脑搞坏了。

那后来他们为什么习惯了手机,因为简单啊,点哪个就打开哪个,左滑右滑就是左翻右翻。

不需要知识储备做基础,所有的设计都基于直觉。

这就是一款国民软件的设计理念——简单。绝对不能为了满足某一细分人群而影响整体体验。

其实抛开办公需求,就会发现完全不同的场景。

很多上了年纪的父母并不在乎效率。你观察他们就会发现,发完语音之后,他们会习惯性地自己点一下,然后放到耳边听一遍。

你说你发过去就发过去呗,你听什么呢?

欸,他们就听,而且一边听一边还摇头晃脑。

不止父母,很多时候就是朋友之间、恋人之间的闲聊,没有目的地闲聊,天南海北地瞎唠。这个时候你说我给拖到 26 秒听一下,没有这样的,我享受的就是这种简单的聊天感觉。

当你用这个漏斗层层筛选之后,你会发现真正的工作场景,实际非常非常小。

为什么觉得像痛点,因为不需要的人不会告诉你他不需要。他们在沉默,他们是沉默的大多数。

如果你真的对精准度有那么高的要求,那你就告诉同事"关键信息发文字"。

语音识别这么方便,有无数的替代方案,甚至有专攻效率的办公软件。

你不选，就说明对自己而言也不够痛点。

其实就算微信加了这个功能，也完全没有那么方便。因为操作难度大。

巴掌那么大的屏幕，手指要精准地定位到几毫米。为了怕手抖还得屏住呼吸左右微调，然后小心翼翼地抬起手指，还得干脆利落，一拖泥带水，它就又跑偏了，甚至你走路的时候可能还得专门停下来，因为你没法操作。

这就是实际的使用体验。

就算你操作得当，也不过省了几秒钟，而且你还有学习成本，还会增加复杂度，会干扰其他用户。

其实真正的效率问题，并不是听不清的问题，而是废话太多的问题。

你加个新客户，有些人就有这样的习惯，咣咣咣，上来给你发七八条 60 秒的语音，你到底是听还是不听啊？

有些女士给老公发消息也是这样，生怕有一句没交代清楚。这个时候，老公的痛点就绝对不是准确度，绝对不是第三条语音的第 48 秒到底是买土豆还是大白菜。

你看手机嘛，经常是老婆发了好几段，小红点都还在呢，老公就回了个"好的"。

所以微信的效率问题，是废话，能不能高效甄别出 60 秒的价值，才是关键。

所以他们推出了语音转文字功能。

精准不是第一位，识别是第一位，我大概知道这段有没有价值、说的是什么，就行了。而且转文字好就好在它是有隐藏功能的，对不需要的人，没有增加视觉负担。

相对于进度条，语音转文字才是更好的解决方案。

这才是背后的产品逻辑。

04

洞察商业，预判未来

躺平是最差的生存策略

年轻人该不该躺平,这个得分情况,看是哪个国家的年轻人,看是什么时代的年轻人。

你要是在美国,应该躺平;在日本,应该躺平。

但是在中国,不应该躺平,尤其是今天的中国。

为什么呢,躺平不是一种个人选择吗?

个人选择没错,但是选择有好坏之分,在最好的时代躺平,是最差的生存策略。

为什么可以在日本躺平,因为日本是年功序列制,收入等于年龄乘以10万日元,你再想拼命,也没有任何晋升机会,只能按部就班。你听过日本有什么互联网企业吗?你见过日本的移动支付吗?你见过日本的年轻企业家吗?但凡一个能叫得上名字的CEO全都是爷爷辈的人。你看视频的这个软件,在中国,是由30岁的年轻人创立的;在日本,30岁,你端茶倒水就好了。

你不躺平,你干吗呢?

欧洲也是啊，资源都是在老年人手里，大量年轻人失业，几乎没有上升通道，你想创个业，各种苛刻的条款会罚到你怀疑人生。你但凡想多努力一点点，付出的代价都不是一般的大，所以很多欧洲年轻人宁愿在家吃福利，我不工作保底8000元，我拼死拼活，也就16000元，那我干吗要努力呢。我不躺平，干吗呢？

可是在中国不一样，中国是最好的国家，今天的中国是历史上最好的中国。日本停滞30年，欧洲停滞30年，中国却用短短40年的时间，从一穷二白一跃成为大国，拉平了欧美国家一两百年的先发优势。

以前出国就是镀金，现在没人把海归当回事。

以前硅谷引领计算机，现在西二旗是互联网的标杆。

这是最好的时代，是机会最多的时代。你觉得不够好，是很多不负责任的自媒体在误导你。

它告诉你生意不好做，应该躺平。

但是它没告诉你，你的生意不好做是因为有的生意更好做，抢了你的份额。

它告诉你大城市生活成本太高，应该躺平。

它没告诉你，正是人才可以自由流动，很多人才会到大城市寻找机会。

它告诉你基尼系数和收入差距，应该躺平。

它没告诉你，绝大部分富人都是短短十几年历尽坎坷白手起家，在别人躺平的时候他没躺平。

互联网、移动互联网、电商平台、短视频，每一个都在不停地颠覆以前的传统行业,源源不断地给新人机会。

你开了个大商场,你开了个服装店挣了很多钱,不好意思,规则变了,互联网重新开始。

你开了个天猫店,排名靠前销量爆火,不好意思,规则又变了,兴趣电商,重新开始。

你抓住了移动红利,公众号时代赚得盆满钵满,不好意思,规则又变了,短视频,重新开始。

每一个新机会,都会把之前的优势全部抹平,在新的赛道,重新开始。

还有什么比这个更好,还有什么比这个对年轻人更有利?

这都不叫机会,还有什么叫机会?直接打款到你账户里吗?

这是最好的时代,只要你想挣钱,就有无数的机会;只要你去拼,就有无数的钱可以挣。哪怕你什么都不会,送快递一个月也能挣七八千;哪怕你没有学历没有经验,吃苦耐劳练习带货,也能月入好几万;哪怕你没有学过计算机,从零开始买书学习,也有无数的企业等着要你。

很多年轻人来到大城市,工作两三年月收入就是七八千,可他们的父母辛苦了一辈子,两个人退休工资加起来可能也不到8000元。所以在家庭里,他们也有很大的话语权。

也就是说,不论是外部的机会,还是家庭的话语权,都对年轻人非常有利,可为什么很多人还是不开心呢?

因为阈值,阈值太高了。

以前人口是很少流动的,有些老人甚至一辈子没出过大山,如果你在家乡，哪怕是个很小很穷的地方，你也不会觉得不开心。你吃烤土豆，其他人也吃烤土豆，没有人比你更好。一旦人口流动起来，视野就变了，你看到了更大的城市，看到了摩天大楼，习惯了地铁、轻轨，坐进了观景餐厅，体验了自动喷水和带按摩功能的马桶盖，阈值就会快速提升。

问题在于，能力是没法快速提升的，于是就产生了落差。

不是因为生活变差了，而是因为生活变好了，你的阈值更高了，你想要更好的东西了。

可这个世界上，真正的好东西永远是稀缺的，而稀缺，就一定会有竞争。

躺平，意味着没有机会；而竞争，恰恰意味着机会。正是它给每个人开了一个口，正是因为每个人都有机会，才会显得竞争激烈。

躺平随意，但是在最好的时代躺平，是最失败的生存策略。

新人的机会在哪里

一无所有的年轻人,没资本、没人脉、没经验,稀里糊涂闯进社会,请问有没有翻盘的机会,请问到底应该怎么翻盘?

回答这个问题之前,你需要先找到一个垃圾桶,随便一个都行,重点它是要用来装垃圾的。

找到之后,在你脑子里再找一个词,然后把这个词给我扔到垃圾桶里去,这辈子都不要再去捡。

什么词呢?躺平。

不要动不动就躺平躺平,你得想一想是谁给你灌输了这个词?

是自媒体。

自媒体告诉你没有机会,告诉你阶层固化,告诉你应该自暴自弃。

你得反过来想一想,为啥会有自媒体?

如果真的没有机会了,那自媒体自己是从哪儿来的?那些满足你情绪价值的视频是谁拍出来的？那些让你一看就强烈共鸣的文章又是谁写出来的呢？

是那些自媒体编辑，熬夜加班写出来的，因为人家要赚钱呀。

你开心了，他涨粉了；你躺平了，他赚钱了。

什么叫成长？

就是赶在你共鸣之前，多想一想人家的写作动机。

第二个问题，年轻人到底怎么突围？

先行者占据了优势，密密麻麻布起了防线，那后来者怎么打？怎么可能打得赢？

回答这个问题之前，你需要找到附近最大的超市，随便买一瓶可乐，然后去结账。

答案就在结账的队伍里。

你会发现，无论开多少个窗口，所有的队伍都是一样长的。

为什么会这样？

因为每一个新来的人都会去衡量队伍的长短，然后找一个最短的队伍排进去。

这就是新人的优势。

我来得晚，我前面的人比你的多，我等的时间比你要长，没关系，我可以换队伍啊，因为我的切换成本低呀。

只要再开一个窗口，那些排在最后的人就可以用最低的成本到新的队伍。

这个时候，那些排在老队伍前面的人反而变成了劣势。

首先因为他的沉没成本太高，他已经等了这么久，如果贸然切换，那之前的努力可能就白费了。

其次他的机会成本太高，他已经这么靠前了，切换到新的队伍，他未必能比现在领先。

所以那些老人的策略是不切换。

柯达为什么会倒？

不是因为它不会做数码相机，世界上第一台数码相机就是它们家做的。

那为什么它会倒呢？

因为它的胶片太赚钱了，它的渠道太成熟，它已有的惯性太大了，它自己的阻力太高了。

它承受不起这么大的风险。

哪怕它想去做数码相机，也下不了狠心，只能左右为难，相互掣肘。

最后就是眼睁睁地错过机会，慢慢地倒下，轰然坍塌。

历史不会简单地重复，但一定会惊人地相似。

年轻人翻盘的机会在哪儿？

在那些最新的赛道。

20年前，在淘宝；10年前，在公众号；今天，在短视频。

租售比怎样才合理

是不是有人告诉你，我们的租售比不合理？

什么叫租售比呀，就是租金除以房价。

国际上认为1∶300到1∶200比较好，也就是20年的房租可以收回成本，但是我们的时间太久，比如一线城市，得60年才能回本，去年50个重点城市的租售比是1∶611，远远低于国际合理的区间水平。

我们的租售比不合理，请问对还是不对呢？

当然是不对了，因为租售比本身毫无意义，它什么也说明不了，既不能说明好，也不能说明不好。

举个例子：6个点的收益一定比5个点的收益好吗？不一定，你得看流动性啊，6个点的要定存20年，5个点的随时可以取现，那肯定5个点的好。

就算流动性一样，你还得看安全性，别多收了一个点结果把本金搞没了，这样才能确定哪个好，这才是科学的评估。

你只看 6 个点还是 5 个点，一点用都没有。

租售比也是一样，它只是个数据，数据没有意义，什么原因导致的数据才有意义。

60 年的租金收回成本，你既可以说买房太贵，也可以说租房太便宜，取决于你怎么解读，本质就是一个房价和房租的比率，是买房的人和租房的人的竞争情况。

为什么我们的租售比会比欧美国家低呢？

我们的租售比并不是不合理，恰恰说明我们在高速发展的阶段。这和高速发展的公司一个道理，为什么有前景的公司股价更高，因为股票是未来现金流的折现，说明大家觉得它未来更值钱。经常是出了一个利好的消息，股价就会飙升，其实只有这一个消息，别的什么都没变。

为什么？因为大家觉得它未来收益会变多，这些收益折现到今天，反映在价格上，就是股价飙升。

房子也是一样，房价的本质是什么？是未来所有房租的折现。你去统计局看一下数据，房子和股票一样，是被归类为投资的。既然是投资，那它的价值应该按照投资品的估值方式，通过未来现金流来折现计算。

租售比低说明什么？说明这个城市的房租有快速增长的空间，大家觉得这个城市前景好，人口多，机会多，房租会在未来水涨船高。很多发达国家租售比之所以高，是因为城市化接近尾声，人口集中化趋势放缓。而我们呢？经济还在高速发展，城市化还有很长的路要走，未来还有无数年轻人要涌入大城市，这才导致租售比远低于欧美国家。

仅仅是这个原因吗?

不,还有一个极为重要的因素——产权。

国内的产权是好于国外的产权的,你不要看什么所谓的永久产权,不要相信地下挖出石油都是你的,你买房子不是去为了挖石油的,而是为了买一个完整产权。

什么叫完整产权,比如一辆车,买了之后就是我的,而不是突然有一天发现车灯没了,因为没续费被拆了。那样的话就不会有人去买车,大家都会去租车,你单看这个租售比,也会显得很合理。

很多国外的房子就是这样,不是完整的产权,它会定期收你的钱,有各种各样的税费,使得买房相对于租房并不划算,所以很多人才会去租房。比如,总价600万的房子,每个月要交1.5万的税费,注意是每个月。那你干吗不租呢?

租客变多,竞争加剧,租金上涨,这才导致所谓的租售比的"合理"区间。

就像一个人血压高,你得弄清楚是刚踢了球还是本身就有高血压,这是两回事。

租售比高低没有意义,弄明白背后发生了什么,才有意义。

细分远比总量重要

人口老龄化了,那将来的房子怎么办?

过去的房子为什么涨,是因为人多,尤其是年轻人多,年轻人结婚要买房,是有刚需支撑的。可这不代表一直会这样啊,尤其随着人口的老龄化,以后没有那么多年轻人了,大家都有自己的房子了,多余的那些房子怎么办?那肯定要跌呀。

到时候那么多房子卖不出去,你可以想买哪套买哪套。你要是现在买了房,辛辛苦苦还房贷,最有可能的结果就是房子跌成白菜价,你房贷还没还清。

是不是听过这种说法,是不是也被这种说法动摇过,请问它哪里有问题?我们今天讲清楚。

说这种话的人对市场营销毫无概念。

任何一个商品,最重要的绝对不是总量,而是分化。

你去做一款手机,到底是做老年机、商务机、拍照机,还是做户外机,每一个都是不同的产品。

你去卖一款裙子，到底是卖给 20 岁的女孩，还是卖给 40 岁的妇女，抑或是卖给 60 岁的奶奶，每一个都是不同的产品。

你去卖一辆车，到底是主打运动操控、主打商务行政、主打经济省油，还是主打越野户外，每一个都是不同的产品。

这个就是分化，从来没有单独的一个商品，只有不同领域的细分商品。

虽然看起来很像，但完完全全不是同一种商品。

明白了分化，我们再看人口和房价。

当人口开始放缓的时候，并不意味着内部所有的地方都是同步、同时放缓的，而是有的城市会放缓多一点，有的城市放缓少一点，有的城市人口会急剧减少，有的城市你想挤都挤不进去。

这就是分化，也就是说有些城市人口的不断涌入，是以其他地方的人口加速流出为代价的。

比如说东京都市圈，整个日本人口是 1.26 亿，东京都市圈就有 3700 万，几乎是日本三分之一的人口。注意，日本已经不是老龄化社会了，它是一个超老龄化社会，65 岁以上老人有 3588 万，三个人中就有一个是老人。

就是这样一个老龄化如此严重的国家，它的核心区人口依然是在不停地上升的，东京的房价相对于其他地方的房价持续 11 年都在上涨。

再具体点，看一下人口比例。这些涌入的人口大部分是二三十岁的年轻人，就意味着他们一定要买房子，他们一定要成家立业，他们一定会继续增加需求，拉高房价。

人口减少只会加剧分化，只会让日本其他地区的房子加速下跌，甚至变成鬼城，无人问津。

城市发展是要考虑到阈值的，一旦人口低于某个阈值，很多行业都会遇到"瓶颈"，比如说你想开一家医院，可能达不到最低的就医人口，难以收回成本，收不回成本就更不敢投入，医院就会更少，医院更少，那流出的人口就会更多，容易进入恶性循环。而人口越多，效率就越高，边际成本就越低，大家可以平摊成本，每个人可以花更少的钱享受更多的服务。

我们的城市化还有相当大的空间，还有相当长的路要走，我们的人口老龄化还远远没有达到日本的那个程度。随着时间的推移，人口集中的趋势一定会越来越明显，城市间的价格分化也会越来越显著，这就是我们为什么不建议你买三、四、五线城市的房子。

买房要关注趋势，要看到10年、20年之后。不要觉得10年很久，奥运会已经开了13年了，很多人觉得还像昨天，可是你看2008年的房价呢？

不要迷恋钢筋水泥，钢筋水泥不是财富。财富是一种观念，有人的地方，才有财富。

很多四、五线城市，老人一辈子的钱盖了个楼房，觉得是一个归宿，希望自己的孩子能回来住。后来呢，大家只有在逢年过节的时候回去看一下；再后来呢，等老人不在了，这个房子就几乎废弃了，满是蛛网。

没有人会住在那儿，没有好的学校、没有好的医疗，也找不到好的工作，你也挣不到钱，你也不会回去种地，你想卖也完全卖不掉。等于这个老人一辈子的积蓄，变成了钢筋水泥，消失了。

为什么一定要看清趋势，因为在你做决定的那一刻，90%的结果就已经定了。

总量变化毫无意义，细分领域才有价值。

欧洲经济为何停滞

欧洲的经济为什么停滞不前？

为什么经济增长几乎是零，偶尔还会有负增长？

为什么欧洲会面临经济停滞和就业两大难题，到底出了什么状况？

具体一点，我们看德国。2017年增长2.8%，2018年呢？变成了1.5%，2019年呢？ 0.6%，2020年直接跌到了–4.9%。

到底发生了什么？抛开那些复杂的术语，我们用一个小故事讲清楚。

有一个德国的年轻人叫威廉，他学的是计算机，毕业后没有找工作，他想自己创业，看能不能做出一番事业。然后他就找了一个朋友，两个人一起在他们的车库里面，研发新的软件。

过了几天，有人找到他们，说你这个不行啊，因为按照规定工作场所是不能没有窗户的，没有窗户怎么通风啊？不能通风环境多差呀，时间一长还不憋坏了，你得安一个窗户。

威廉想，安个窗户有什么难的，他就安了一个窗户。

窗户安好之后呢，没几天，又出问题了。又有一帮人来找到威廉说，你开窗户为什么没有申请许可？按照规定你是要申请的呀。

哦，原来开个窗户还要申请许可啊，那就去申请呗。威廉就把资料准备齐，交上去，然后等消息。

结果呢，被驳回了。

理由是按照规定：车库里面是不能装窗户的。

那怎么办？

还能怎么办，那就交罚金呗。

交了罚金就赶紧挣钱，赶紧把业务做起来，等赚了钱就能搬离车库，就能租一个好点的房子了。

然后这两人没日没夜地干，一边搞技术一边搞测试，一边当客服一边当销售，业绩逐渐有了起色，同时他们也发现，人手不够了，为了加快开发进度，他们又招了两个员工。

结果过了几天，又出问题了。又有一帮人来找到他们说，哎呀你这不行啊，超过四个员工的办公场所，必须得有独立厕所呀。

威廉一想，是得有厕所，可是我刚创业，我也没有钱盖厕所呀，有钱我就不在车库里办公了呀。没办法，还是要盖，那钱从哪儿来呢？只能去银行借了。

威廉去了银行，他发现，平时借钱不容易，但这一次银行倒是很爽快，因为有厕所来抵押。

这样厕所就盖好了，大家就继续忙，业务越做越大，然后威廉就又招了一个人。

这个时候,又出问题了。

又有一帮人来找到威廉说,你的员工为什么都是男的呀?

威廉说,程序员不基本都是男的吗?很难找到女的呀。

那边说不行,因为按照规定五个人以上的公司,女性员工至少要占20%。你现在一共是五个人,那就必须得有一个女员工。

没办法,威廉只能把其中一个男员工辞掉,付了一笔赔偿金,再去招新的女员工。

但是女程序员不好找,等了一个月,终于招来一个,刚上班没两天,又出问题了。

因为按照规定,女性员工应该享有独立的厕所,男女共用一个厕所不行,对女性不公平,所以还得再盖一个厕所。

问题是,公司现在还没挣钱呢,之前就已经盖了一个厕所,现在还得再盖一个,那只能再去银行借钱。

但是这一次就没有那么幸运了,这个新厕所快要盖好的时候,公司已经耗不下去了,因为交不起罚金和利息,宣布倒闭了。

最后的结果呢,就是威廉关掉了他的公司,德国增加了七个失业人口,而银行呢,多了两个厕所。

福利皆有代价，劳动才是美德

在美国加州发生了一件奇怪的事情，很多餐厅的老板发现，恢复营业之后，居然有一半的员工不想回来工作。

不能吧，这么长时间你不挣钱，突然恢复了，不应该赶紧去挣钱吗，怎么会有一半的人不愿意工作呢？

老板也想不通啊，打电话一个个去问，兄弟，怎么还不来上班啊，这么久不挣钱，你不着急呀？

那边说，我不着急啊，我着什么急呀，我不上班拿得更多呢。

加州的福利非常好，好到你躺在沙发上，什么都不做，也比上班挣得多。

具体一点，它的失业金为每人每周450美元，取决于你之前的收入情况，最长可以领26周。疫情期间每人还可以额外领取每周600美元的联邦补助，而失业金领取时间也增加13周，总时长高达39周。

也就是说，在这段时间，每个月可以领到的失业金总数为

（450+600）×4=4200美元，也就是差不多合人民币2.7万元。

讽刺之处在于，很多餐厅你努力为其打工，每个月只能拿3000美元。

辛辛苦苦工作，还冒着一定的风险，挣得还没有在家里吃比萨玩游戏拿得多，那为什么要去工作呢？

其实加州还不是最严重的，很多地方的失业金比加州还高，比如马萨诸塞州，失业金每周最多能领1192美元，再加上联邦补助的600美元，每周最多可领1792美元，一个月就可以领取7168美元，折合人民币4.6万元。

躺在沙发上，吃着薯条喝着可乐，每个月拿到4.6万元，还有人会愿意上班吗？

这就是很多欧美国家的福利困局。

福利没问题，福利可以保证一些低收入人群的基本生活。

可福利是有代价的，代价就是别人的劳动。福利也是会反噬的，反噬的就是原本可以劳动的这些人。

福利太高，就会伤害劳动的那些人，也会让原本可以靠自己劳动挣钱的人，变成游手好闲的懒汉。

这样的结果就是，那些在比萨店辛辛苦苦打工的人缴的税，拿去补贴了那些在家里吹空调喝可乐的人。

很多人特别羡慕欧美福利，人家怎么怎么好。我跟你说，每个人都会觉得福利好，没有人会不喜欢福利。可这是自私自利的视角，切换成国家的角度，就会完全不一样。

从来没有天上掉馅饼，无非就是所有人服务所有人，永远不可能所有人都躺在沙发上吹空调喝可乐。

躺沙发的多了，干活的就少了，倒闭的就多了，这样躺沙发的人就更多了。

如果大家都躺沙发，谁来给你做馅饼呢？

劳动才是美德，劳动创造财富，一个可以激励大家劳动的制度，才是好的制度。过高的福利待遇会导致劣币驱逐良币，导致懒汉越来越多，劳动者越来越少，最后吃亏的是所有人。

这就是为什么有些国家日新月异，而有些国家在日落西山。

有人说不对，人家福利是有条件的，要证明自己在努力找工作才行。

如果你是成年人，你就知道，证明自己努力，是这个世界上最简单的事情。

我学习不好，可是我能证明自己很努力。

我业绩不好，可是我也能证明自己很努力。

真正的努力，不需要证明。能证明的，都不是努力。

不要总羡慕欧美国家，要知道：所有的债，都是要还的；所有的财富，都是由勤劳者创造的。

未来最强大的经济体，一定属于最勤劳的民族。

为什么法餐上菜慢

去法国吃一顿大餐,印象最深刻的是什么?

是龙虾好吃,还是鳕鱼惊艳呢?

都不是。

印象最深刻的,是上菜非常慢。

这不是开玩笑,我给你看两则新闻,法国最近有两起枪击案,原因都是:菜上得太慢了。

《法兰西西部报》2017年报道,当地时间9月3日晚,两名男子开枪袭击马赛一家餐厅。原因是,他们觉得餐厅上菜太慢。

《法国侨报》2019年报道,一名男子于8月16日晚上在法国塞纳-圣但尼的一家餐厅,开枪打死一名服务员。据在场的人说,嫌疑人开枪,因为嫌他的三明治做得慢了。

注意是三明治啊,两片面包加一片火腿,你说得慢成什么程度,才能让双方有这么大冲突?

在法国,你去一个高档餐馆随便点几个菜,吃完这顿饭,基本得三个小时，平均一个小时上一个菜。这个菜都快消化完了，那个菜才上来。

你要是着急走，说想买个单，不好意思，你可能喊了十分钟都不见人来送账单。

这是高档餐厅，普通的小酒馆也快不到哪儿去。

在凯旋门附近你点杯啤酒，估计得等1个小时，这杯啤酒你喝完也就10分钟。你想去逛个圣母院，那最好别喝酒，路边喝两口，还没结账呢，圣母院就关门了。

好，问题来了，你说它为什么这么慢呢？原因你可能想不到。因为人少。

在法国，有些很有名气的餐馆，60多个客人就餐，你猜几个服务员？

3个。对，你没听错，就是3个。

好，那接下来又一个问题，为啥不多招点人呢？

不就是人手问题吗，我还以为是什么技术难关攻克不了，你多招几个人不就行了？

答案是招人可以啊，招人很简单，但是开除很麻烦，麻烦到几乎是一个不可能完成的任务。

在法国，开除员工的成本高到惊人，它的相关规定长达3400页，也就是6本《新华字典》的厚度，满满的全是规则，所以老板几乎不可能开除员工。哪怕是员工的原因，解雇成本也可能高到你破产。

比如有部电影叫《艾米丽在巴黎》，女孩一脸沮丧，说我被开除了。

这两个哥们儿说，我还以为什么事呢，在法国，没有人会被开除的。

光开除的程序，就得等几个月甚至要好几年。

我有一哥们儿，当律师的，公司说你被开除了。

这哥们儿一生气，直接把手机扔到塞纳河里。公司好几个星期找不到他人，找不到人就完不成离职手续。

到后来实在没办法，公司说，唉，要不你成为我们的合伙人吧。

既然开除员工这么难，那老板也不傻呀，所以在这种情况下，饭店老板宁愿少赚钱，宁愿上菜慢，宁愿被客户骂，也绝对不愿意多招一个人。

慢就慢呗，慢就多等会儿呗。

反正你换一家餐厅也这样，因为那个老板也雇不起人，你换一家还得等。

那这样的结果是什么呢？

失业率居高不下。

不能解雇为什么还会失业呢？

因为企业可以倒闭啊，倒闭了之后你不得找新的工作嘛。这个时候问题就来了，去一家，人家不敢要，再去一家，人家不敢要。

那失业多了会有什么结果？

会有更多的企业倒闭。

因为失业就需要福利就需要救济,这个钱从哪里来呢?收税,收税多了,企业的压力就更大了,倒闭的就更多了,容易进入恶性循环。

法国上菜为什么慢?

并不是饮食习惯那么简单。

为什么日本打车贵

日剧里经常看到男女主角在马路上狂奔,赶时间的话,为什么不打车呢?

因为打不起啊,不是不想打,是真心出不起这个钱。

没去过日本的人,不知道日本的出租车有多贵。

这么说吧,你如果想玩心跳,要么可以去蹦极,要么可以去打车,计价器跳一下,你的心就跳一下。

当时日本做过一个调查,比较世界各个城市的出租车,看1000日元,也就是60块钱人民币,大概可以跑多远。

结果呢,在印度,能跑87千米;在泰国,能跑55千米;在墨西哥,能跑46千米;在北京,能跑24千米;在纽约可以跑8千米;但在东京呢,只能跑2.9千米。

折算成人民币你感受一下,起步价47块钱,2千米之后,1千米20块。

如果你从成田机场到东京新宿,大概需要3万多日元的打车费，也就是人民币 2000 块钱，够我买一张到日本的机票了。

有一档节目心血来潮，想玩个刺激的，说从东京打车到北海道，到底得花多少钱？

所有人都好奇，到底得花多少钱呢？结果出来了，一看，100 万日元，折合人民币 6 万多。

好，问题来了，为什么日本的出租车这么贵呢？

注意，它不是贵一星半点，是贵到让你难以想象，贵到一个普普通通的出行居然变成了奢侈品，到底怎么回事？

这个得从日本引以为傲的极致服务说起。

多极致呢？五星级的打车体验。

司机会身穿整齐的西装，戴着白手套来迎接你，空调车上干净整洁，下车车门还会自动打开。只要你需要，随时充当免费的导游，每一个细胞都洋溢着热情和尊重。

这还是你看得到的，你看不到的是，在每次开车之前，司机都要按照一个清单，一一检查发动机油的水平、电池的状况、散热器的状况，还有其他各种部件，而且车每天都要擦得一尘不染。

每天都要让这辆车保持在最佳状态，每三个月就要全面检查一次，超过 10 年就要淘汰。

怎么样，好不好？

好，但好是要钱的啊。

商业社会，一个素昧平生的陌生人，为什么要对你这么好呢？

因为是要收你钱的，每一份好都是要折价的。

你把所有的五星级以下酒店都关掉，大家也会觉得酒店挺好。

可真正的好是什么呢？

不是极致的服务，而是恰到好处的服务。

我不需要这么极致，我不需要这么高端，我不需要五星级的人体工学床垫，我就需要一个板床睡个觉，一天15块钱，行不行？

不行，我们这儿都是五星级的，要确保您的睡眠，确保您的体验，所以5000块起步。

有人说不对啊，你价钱高我可以便宜啊，你五星级我开个三星级的不就行了。

不行的，因为不是你想开就开的，因为有严格的管制。比如说整个京都只有两家出租车行，只有发了牌照的车才可以运行，这样就把整个京都的车辆控制在8000辆，人为制造了一个双寡头，除了这两家，没有其他公司，可以最大限度减少竞争。

门槛意味着利益，你进不来，我才可以赚更多的钱。

而新生事物一旦出现，就会遭到强烈抵制。

比如说网约车，在日本管控就很严格。2015年2月在福冈尝试导入了Uber系统，但是3月就被叫停了，因为觉得它扰乱了商业秩序。

不允许提供更便宜更快捷的服务，打车费用就进一步升高。

反对的理由是什么呢？安全。

比如成为司机有苛刻的规定，不仅有驾龄的要求，还要征信良好，没有任何违规记录，没有任何犯罪和交通事故记录。

如果你想个人申请牌照，还有两个更苛刻的条件：一是必须在同一城市做10年的出租车司机；二是从申请日开始往前10年，不能有违章、事故。

你说，有几个人能做到？

追求安全没有问题，但是安全不是无条件的，而是有代价，它的代价是效率。

更多的时候乘客面临的问题是，愿不愿意多花 10 倍的钱，仅仅为了把满意度从 99.99% 提升到 99.999%？

这样的结果就是，原本普通的打车在日本硬生生地变成了奢侈品。

不要再吹捧日本的极致服务，不要再吹嘘所谓的用户至上。

用户如果真的那么重要，怎么会沦落到打不起车的地步呢？

日本汽车北美崛起

美国政策的"神助攻"

如果不是对手送上几个"神助攻",日本车企在美国未必能发展得起来。

你有没有好奇过一个问题:当年蹒跚起步的日本车企,到底是怎么一步步在美国壮大的?

千万不要说靠质量,那是童话故事。

你要知道,美国当时可是屈指可数的汽车巨头。1908 年福特就发明了 T 型车,到了 1913 年,又搞出了当时绝对的黑科技——流水线。再加上幅员辽阔地广人稀,美国人对汽车有强烈的需求,福特、通用、克莱斯勒三巨头赚得盆满钵满。

它们的车质量非常好,有肌肉感,大排量,动力十足,而日本车在它们面前就是一个小玩具,不仅排量小,而是质量非常差。

当时日本车有个外号,叫"哎呀货",就是经常响,而且是不该响的地方响,该响的地方不响。

动力不足、最高时速太低、上不了高速、发动机过热,各种问题,所以当时只有特别穷的人,才会开日本车。

在很多美国人眼里,这根本不是车,这是割草机,甚至割草机的动力都比它大,你说这种车抢占了市场,不是开玩笑吗?

日本人自己也觉得,打赢美国车,没戏。

但是,真实的世界比剧本还要精彩,突然出现的一件事,让日本企业看到了希望。

那就是马斯基法案,这是美国 1970 年通过的一个大气净化法案,里面有一个重要条款:5 年之后汽车排放污染物要达到现在的 1/10 的标准。直接砍掉了 90%。

可美国厂商做不到啊。当时三大巨头都在生产大排量的发动机,没法在这么短的时间内降低排放,要做就只有一个办法——缩小排量,从零开始,重新研发小排量发动机。

这让日本车企眼前一亮:小排量,我擅长啊,我不就是专门生产小排量车的吗。

而且当时环保的观念开始兴起,大家都认为大排量的是不环保的,美国车在道德上又矮了一头。

当时甚至专门出现了一个群体,满大街都在抵制美国车,说我们不要油老虎,我们不要大排量,地球需要我们的帮助。

雪上加霜的是,石油危机还爆发了,导致汽油价格直线飙升,当地很多加油站都没油了。而价格一高,大家就得考虑用车成本,美国人出门就是要开车的,买盒牛奶、买个汉堡、买瓶可乐都要开车，以前油比水还便宜，完全不心疼，现在来回一趟就少俩汉堡，这时候就觉得，还是小排量好。

这对日本车来说，一下子就像换了赛道一样。

以前的缺点突然变成了优点，凭空多出来一大块市场，不仅自带环保光环，技术上还领先半个身位。

日本人抓住这个千载难逢的机会，集中资源，加班加点，推出了一款发动机——CVCC，这是第一款通过该法案的发动机。

你能想象吗，美国人自己出的法案，居然让日本人拿到了第一张牌照。

就这样，日本车在美国市场逐渐崛起，开始蚕食原本美国车的份额。

这个故事虽然有点离奇，但毕竟还在意料之中，接下来又发生了一件事，让当时所有的人都大跌眼镜。

不应该啊，怎么会这样呢？

到底发生了什么？

偷袭下场目瞪口呆

很多美国人至今都没有想明白，为什么偷袭对手的一记重拳，最后居然打到了自己脸上。

那是1981年，眼看日本车在美国本土迅速崛起，本土车企节节败退，美国人有点慌了，然后他们想出一个馊主意，我能不能不让你卖那么多呢？

比如之前我每年从日本进口 200 万辆，如果只能进口 150 万辆呢，剩下 50 万辆的份额不就让给美国车企了吗？

我只让你出口 150 万辆，我看你怎么办？

然后美国就开始施加压力，当时日本处于弱势，就接受了这个协议。这个协议叫什么呢？叫自愿出口限制，简称 VER，就是我少出口 50 万辆，这事是我自愿的。

跟您没关系，我自愿的。

我自愿不挣那个钱，留给您的。

你品一品。

恰恰就是这个协议，导致日本车快速崛起，以前只能卖点低端货，现在直接占领高端市场。

这就是经济学的魅力，你觉得轻而易举就能干掉对手，那是你低估了世界的复杂度。

先说一个事实，当时 VER 一发出来，东京股票市场上的几个日本头部车企的股票立刻大涨，为什么？

因为顶尖投资者是非常聪明的，他们一眼就看到了本质，VER 的本质是什么呀？是寻租，是特权啊，而特权意味着利润。原本出口 200 辆，现在只让出口 150 辆，请问谁应该拿到这 150 辆呢，当然是大企业呀，大企业就把小企业的利润给赚过来了，因为它们的寻租能力更强，小企业竞争不过就只能倒闭。

你对一下时间轴，自从搞了 VER 之后，日本汽车的垄断性明显上升，以前是有很多小企业，群雄混战，现在变成了三大巨头：丰田、本田还有日产，各霸一方。

这还只是第一步，更绝的在后面。

因为接下来的问题是，配额减少了，请问日本车企要怎么挣钱呢？

答案是提高质量。

这可不是随口编的。

1988年，美国教授罗伯特·芬斯阙建立了一个质量选择模型。他发现，VER之后，日本就转为销售更高质量和更高价格的车型了，1982年几乎每辆车都提价了1000美元。

以丰田为例，5000美元的低端车份额从36%下降到24%，而12000美元的高端车份额，居然从0.5%增加到12%。

你说气人不气人。

更气人的是，日本车企尝到了高溢价的甜头，马上集体品牌升级，就是再打造一个更高端的品牌，挣你更多的钱。1986年本田创立讴歌，1989年日产创立英菲尼迪，1983年丰田创立雷克萨斯。

你以为这就完了吗？

没有。

因为VER还有一个很大的漏洞，你不让进口，但你没说不让建厂啊，那我能不能直接把厂子开到美国去呢？

日本头部车企通过寻租获得巨额利润之后，直接进入美国投资建厂，完全绕过了配额限制。

1982—1983年，本田、日产和丰田在美国本土依次建厂。

有人说，那美国人怎么不禁止日本车企开厂？

哪有那么简单，凡事得分清利益。

美国工人在日企解决了工作问题，突然说不让开了，你问问这些工人愿不愿意。

也就是这件事的发展从第一天开始，就远超美国人的预料。

VER之后，美国人发现，进口和国产汽车的价格分别上涨了11%和4.4%，消费者损失了58亿美元，福利成本增加了24个亿。更崩溃的是，这个原本是打击对手的方案，最后居然使得日本车的质量快速提升，直接成为美国车最强劲的对手。

我特别好奇，如果早知道是这样的结果，退回到40年前，美国人还会不会这么选？

经济规律永远有效，看一步和看十步，那是两个世界。

什么才是工匠精神

不要盲信工匠精神,尤其是日本的工匠精神。

第一,因为工匠精神不意味着好;第二,因为日本的工匠不是真正的工匠。

先说第一点,工匠精神不意味着好。

怎么可能呢,我精雕细琢,把这个东西做得更精致一点、更完美一点,难道不是更好吗?

不是,因为精致不意味着好,每一次的精雕细琢都是要花钱的,都是要让客户去买单的。

成年的世界没有好坏,只有代价。

你愿意为这一份好,付出多少代价?

你觉得奔驰 G63 太棒了,大气磅礴,视野开阔,轻踩一下油门,半条街都在颤,最后关门的那一下,荷尔蒙都能给你震出来。好,你告诉我,为什么最后你买了辆高尔夫?

因为代价大呀。

那些是要钱的，是要血汗钱的。

好和坏，是要考虑代价的。

精致到像艺术品一样和便宜到千家万户都用得起，二者一样重要。

把头等舱做得奢华舒适和把经济舱多加几个座椅让老百姓坐得起，也一样重要。

手工缝制小牛皮配合星空车顶和做出一枚硬邦邦的毫无体验感的火箭，也同样重要。

任何时候，任何企业、任何人的资源都不是无限的，永远要考虑到这部分代价花在什么地方更值。

没有无缘无故的好，没有不需要代价的精致。

不要盲信工匠精神，不要盲目学习匠人态度，它只能代表一个选择方向，用不着去神话。

第二点，日本的工匠并非真正的工匠。

去过日本的人无比感慨，哎呀，日本太有工匠精神了，有一些餐馆动不动就是上百年的历史，几代人的传承，太值得我们学习了。

寿司之神，一辈子只为了做好寿司。

煮饭仙人，一辈子只为做好一碗米饭。

桥本隆志，庄屋第八代传人的大米料亭。

这难道不值得学习吗？

不值得。

你要明白：只有当一个系统没有新的发展机会，没有办法外部扩展,才会在内部无限精进,为了0.01无限付出代价。

日本停滞了30年,你1990年去和今天去,几乎没有区别,但是你看1990年的中国呢?

应该谁学习谁呀?

你看到的那些不够工匠的地方,恰恰说明我们是一个高速发展的社会。我们有一个开拓创新的制度,才会有更多的能量用于外部的拓展。

我们有司空见惯的网约车,他们却需要在路边拦出租车。

我们有习以为常的在线音乐,他们却需要走到店里去买CD。

我们习惯了电商促销隔日到家,他们却需要去银座买电视再找辆车拉回去。

你告诉我,我把出租车擦得干净点,我连发动机缝隙都擦干净,这是不是工匠精神?

经济是可以持续发展的,当能量越来越多,一定可以往外扩展,但是日本的结构决定了它没有办法往外扩展。年功序列制死气沉沉,年轻人出头会被打压,新兴行业有各种门槛,导致它只能在原有模式下无限内卷。

把车擦得干净点,再干净点,最好连底盘都擦一下。

最后的结果就是:花的精力越来越多,产出比却越来越低。

不是说精进不好,而是说只能有这个选择,不好。

其实所谓的工匠精神是什么,它是一种营销手段,是一个塑造IP的技巧。

你去看所有的奢侈品营销都是这样,讲一个故事,创立一种文化，让你相信它的文化，并且心甘情愿去买单。

怎样把一碗米饭卖出100碗的价格，答案是，讲故事，讲情怀。

你吃的不是米饭，你吃的是文化。

你看那个煮饭仙人，鹤发童颜仙风道骨，导致很多人完全没有抵抗力。他们心目中的匠人就应该是这样的，面颊清瘦，目光如炬，不食人间烟火，不被铜臭沾染，用指尖触摸大米，感受灵魂。

但凡你胖一点，比如180斤，肩膀搭条毛巾喘着气揭开蒸笼，就没有那种工匠的感觉，怎么像路边卖包子的？

饭，不值那个钱；文化，才值那个钱。

你以为的高级，其实都在别人的设计之中。

你看到的工匠精神，不过是一种营销手段。

所谓的工匠，不过是被营销包装的伪工匠。

真正的工匠，恰恰是看起来不够工匠的那些人。他们不会在某个细节纠缠，不会不计成本追求极致，他们更多的是快速迭代快速试错，是把握权重容忍缺陷，是通盘考虑整体规划，是为了更大的目标放弃表面的不完美。

因为真正的工匠，才懂得取舍。

不要盲信极致服务

很多第一次去日本的人会被日本的服务态度震惊。

会觉得,日本的服务态度真好,日本的国民素质真高。

你去吃个饭,临走的时候店家目送你远去,直到看不见你的背影,才肯离去。

你去坐火车,白发苍苍的检票员在车厢的连接处,端端正正地鞠一个90度的躬。

不管你看不看他,他都坚持这么做,这是什么,这是对乘客的尊重,是对工作的敬畏。

我国就没有这样的,这种国民素质、这种服务精神值得我们好好学习。

不要闹,这种服务恰恰是最不值得学习的,你觉得那些好,是因为你根本没有看到关键点。

第一,服务好不等于素质高。

第二,服务好不等于好的服务。

先说第一个：服务好不等于素质高。

对你好就是素质高吗？

你得看场景啊。

路上问个路，人家微笑回答，那叫素质高。

商店买个东西，人家笑脸相迎，那就跟素质没关系，因为每一个微笑都是要花钱的。

并不是鞠躬就有素质，并不是跪着服务就有素质，任何时候都是一分钱一分货。

他鞠的每一个躬，都会把钱给你算进去。

你随便订个五星酒店，早餐都有各种各样好吃的，各种新鲜的水果，全都不要钱，随便吃，请问是不是五星级的素质高啊？你晚上回房间睡觉，人家把床单收拾得干干净净，拖鞋给你摆得整整齐齐，在走廊上遇到你，又是微笑又是鞠躬，请问是不是素质高？

当然不是，每一份好、每一个微笑、每一个贴心，都是要给钱的。

大家都是陌生人，凭什么对你好，因为你花钱了。

只要你花钱足够多，你会觉得任何高档场所，全都素质高。

把服务好等同于素质高，是忽略了背后的代价。

其次，服务好不等于好的服务。

什么是好的服务，既不是越多越好，也不是越少越好，而是刚刚好。

什么是好车，不是序列式变速箱，不是9000转断油，不是奢华星空顶，不是后排按摩座椅，而是人家最需要什么你就提供什么。

对一个工薪家庭，什么是好车，是省油的车、便宜的车、皮实耐用的车，是把钱花在刀刃上的车，绝对不是配置最高的车。

你把高配等同于好车，就相当于把服务好等同于好的服务。

好的服务，应该是既可以很尊贵也可以很普通，既可以尊贵到让日本游客震惊不已，也可以普通到让你毫无察觉。

好的服务，取决于你想付多少钱，取决于你愿不愿意付这个钱，取决于你愿不愿意把这份服务换成更实惠的东西。

永远没有免费的好，每一份好都是要花钱的。

有弹性才是好服务，量身定制才是好服务。

那些觉得服务好是素质高的，是没有看到其功利的一面。

当年日本宣传"おもてなし"（极致用心的待客精神），许多日本店面都贴上了一个标语叫"店内卫生间可供使用"，想尽其所能地为大家服务。结果呢，营业额饱和之后，他们就取消了。

因为以前最多一天打扫厕所三至四次，后来呢，每一两个小时就得打扫一次。提供了免费的厕所服务，客户并没有领情，也没有营业额的提升，所以很多店就不再免费提供卫生间了。

出租车也一样，外国游客和日本人同时招手的话，他们更愿意选本国人。因为文化和语言的不同，有时候"おもてなし"在许多外国人眼中是多余的，甚至会认为是不怀好意。与其冒着这个风险，还不如拉本国人，毕竟赚的车费都是一样的。

那些觉得极致服务就是好的，是被匠人精神毒害了。

没有无极限的好，任何事都要讲成本和收益，同样的成本能不能放到更重要的事情上，产生更多的收益，而不是在服务的维度一味加权。

无底线的极致服务导致的疲劳感，已经透支了整个日本服务业，而代价就是日本的劳动生产率在七国集团中倒数第一，甚至比以懒散著称的意大利人还低。

根据日本生产性本部公布的数据，从1970年开始，日本就一直稳坐七国集团最后一名。

理由很直白：日本在附加价值较低的服务业等的工作效率不及欧美国家，导致了较低的生产率。

永远要记得，你享受的每一份好都是有代价的，你提供的每一份好也是有代价的。

守护财富

05

赚钱是能力,
守钱是本事

为什么总感觉买不起房子

为什么总感觉买不起房子？

很多人说，是因为房价收入比太高了，房价太高收入太低，要是收入能高一点，或者房子能便宜点，就能买得起了。

不对，就算是这样，也还是买不起。

因为买房是一个非常特殊的事情，它的特殊性决定了，哪怕你的工资再多一两倍，也一样会感觉买不起。

特殊在哪儿呢？我举个例子你就明白了。

比如你孩子上学，有10所小学可供选择，从第一名到第十名，请问，你会让孩子上哪一个？

你会让他上第六名的学校吗？不会。只要你能负担得起第三名的学校，你就不会让他上第六名的学校，因为你希望给孩子最好的教育。

那如果你负担得起第三名学校呢？够好了吗？还是不够，最好能进第一名的学校，你踮起脚也想往上够一下，对吧。

问题在于，只要存在排序，就只有一个第一名。大家都想去，那谁应该去呢？难度就会无限大。

你说是孩子上不起学吗？不是的，上得起，但是上学这种事情，因为它太重要了，每个人都希望能跑到满格，这样的感觉就是永远上不起。

在少数几件超级重要的事情上面，大家都是开到满格的，比如婚姻、学校、医疗、教育、房子。

你想一想，如果明明可以去三甲医院，你会去社区医院看吗？如果明明可以找一个名师指点，你会找一个普通老师吗？

哪怕社区医院不一定差，哪怕普通老师也不一定不好，哪怕这些排名也未必是完全科学的，但只要有排名，有级别之分，你就一定想要最好的。

只要每个人都想开到满格，那就多少都不够。

并不是生活变差了，而是阈值在不停提高。

就像当年的带宽一样，512k 的时候大家觉得不够用，现在一秒钟几十兆够不够，还是不够，你的需求在不断增加，导致带宽多大都被耗尽了。

你想一想房子，是不是也是这个道理。

户型差一点可以吗？不行，能好点最好。

没学区差一点可以吗？不行，能有学区最好。

医疗差一点可以吗？不行，能靠近三甲最好。

离公司远一点可以吗？不行，还是近一点好。

每个条件都希望满足，那就多少钱都不够。

我有 300 万的实力,我就买 300 万的房子;我有 400 万的实力,我就买 400 万的房子;我有 500 万的实力,我就买 500 万的房子。

为什么有个词叫"总价约束"啊,就是 500 万的房子很多人抢,再贵一点点,比如 530 万就没人买得起了,买家就会大幅萎缩,因为买房这个事情每个人都耗尽积蓄,踮起脚来够那个最理想的房子,这样就导致哪怕再多一点点钱,就拿不出来了。

欸,你 500 万的房子都能买得起,为什么再多 30 万就不行了?

真不行了,真够不到了。

不论你身高一米六、一米八还是一米九,每个人都在踮着脚,每个人都觉得好吃力。

问题就在于,好的地段就那么多,好的资源就那么多,好的东西永远稀缺,大家都想要,那到底谁应该拿到呢?

无论你有多少资源,拼的都是相对排名。

无论你有多努力,第一名永远只有一个。

只要欲求是无限的,只要排名还有一、二、三,房子就永远感觉买不起。

到底要不要买房子

中国的房子分两类，一类是未来会涨的，一类是未来会跌的。在决定买房之前，你得先知道自己的城市到底属于哪一类。

一个城市的房价为什么会涨？不外乎这几个因素：货币、土地、人口。

所谓货币，就是钱有没有贬值，通货膨胀是否在持续。

所谓土地，就是核心地段是否稀缺，土地供应是否稀缺。

所谓人口，就是年轻人多不多，城市人口是净流入还是净流出。

如果你仔细观察，就会发现今天和十年前的买房难度完全不同。

十年前，只要你买，哪怕你闭着眼睛买，基本都会涨。

可今天不一样，今天是严重分化的，不同的城市情况完全不同。你买对了，稳步上涨；你买错了，砸在手里。

到底是什么原因，造成这么大的分化呢？

观察这三个因素，我们会发现，货币没有变化，土地也没有变化，唯一大的变化，是人口。

也就是有的城市之所以涨，是因为源源不断的城市化进程，涌入的人口越来越多，房价水涨船高；而有的城市尽管核心土地也稀缺，尽管通胀也在持续，但是它的人口流出过多，又没有办法补充，结果就是有价无市，持续下跌。

反映在房价上，就是有的城市 10 万一平方米，而有的城市 10 万一套。

比如当年的这个新闻，有些地方两万块钱一套房，因为它的人口一直是在流出，你今天去买，也是几万块钱搞定。其实还有更便宜的，比如西部一些石油城市，2000 块钱一套，也是因为资源枯竭，人口流出，房子有价无市，大批大批房子闲置，你去买，随便挑。

我们经常说财富财富，可什么叫财富呢？

房子是财富吗？不是的，房子就是钢筋水泥。

之所以叫财富，是因为有人。财富，是人的财富。

300 万的房子和 30 万的房子，建筑成本几乎没有差别，那相差的 270 万到底是什么？是人口。

明白了这个，你还需要想清楚第二个问题：你为什么要买房？

对每一个普通家庭来讲，买房都有两个重要的诉求，一个是居住，另一个是保值。

居住的问题很好解决，有一千种办法，你可以租，短租长租，单租合租，想租哪儿就租哪儿，租个公寓也行，租个小产权也行。

真正的难点，在于保值。

要知道，买房子和买车是不一样的，车开了几十年，到时候报废了你不会心疼，从买车的第一天你就知道车最后是要报废的。

可房子不一样，花了一辈子的钱去买了一套房子，东拼西凑攒首付，辛辛苦苦还房贷，住了几十年，最后报废了，一分钱不值，很多人是不能接受的。

买车，在经济学上是纯消费，花出去了，等于扔了。

而买房，在经济学上是投资，表面上是花出去了，实际是换成另一个资产存储起来。

对于房子来讲，只有居住的需求才是消费。而保值的需求，是投资。

这就是为什么CPI是不包含房价的，各国都是这样，统计数据里，买房都是定义为投资，因为如果你仅仅为了满足居住需求，完全是可以租房的。

买房的时候就暗含了一个前提：要保值。

带着这个思路，再去分析房子，就会很透彻了。

先说城市的基本面，就是你这个城市的产业怎么样？将来能不能持续发展，有没有吸引外来人口的资源。你不要看现在，而要看10年以后、15年以后、20年以后。

拉长时间，那些产业发达、人口流入的大城市，房价会持续稳步地增长；而很多产业欠缺、人口流出的小城市，买家会越来越少，直到无人问津。

明白了这个，我们再来看购房需求。

无论在一、二线城市还是在三、四、五线城市，其实居住的需求都没问题，都可以满足。

真正的分歧在于保值，你要知道房贷每年的利息是百分之五点多，这样就产生两个严重的分化：在一个房价持续上涨有支撑的城市，它是可以稀释你的负债的，使你的资产越来越多、越来越保值；如果你买在一个人口不断流出的城市，房价以后就会越来越低，房贷就变成了你严重的负担，房价不可能跑不过利息，哪怕你全款买，资产也是在不停地贬值的，而且比纸币贬值得更快。

同样是房子，同样是贷款，不同的环境，结果是完全不同的。

结论很明确，如果你是在一、二线城市，并且将来想在这里发展，那答案很简单：尽快买，不要等。这些城市，居住和保值的需求是可以同时满足的，而且很多大城市有调控政策，给更多的年轻人留了机会，所以应该凑齐六个钱包，尽快上车。

如果你是在三、四、五线城市，那就一定要想清楚，这里的房子只有纯居住的功能，想保值，几乎是不可能的。

在这个前提下，大方向是不建议买，租会比买要更好，也更灵活。

如果你说孩子要上学，必须得买，那就先买，但是没必要坚持几十年，将来孩子去了大城市，你可以卖掉老房子支持他在当地安家，这样的话钱也可以更好地保值。

如果你说，我一定要买，将来就得在这儿养老，那你就首选核心区的房子，能买新区别买老城，因为新区的环境资源配套都更好，将来老年人生活更方便。

真正要注意的，是那种小城市有好多套房子的，千万别再留手里了，尽快卖掉，最多留一套自己住。

房地产早就过了大涨的阶段，你今天买得越多，明天亏得就越多。

千万别和趋势作对。

为什么这些地产不能买

为什么商铺不能买？

有人告诉你的是，一铺养三代。但没告诉你的是，说这话的时候，淘宝都还没出生呢，大哥大还是奢侈品呢。现在光移动电商用户就不止8个亿了，老太太躺在沙发上刷着手机，顺手就能买件毛衣，还有多少人能去逛实体店？

有人告诉你的是，商铺可以返租。但没告诉你的是，羊毛出在羊身上，所谓返租，不过是50万的铺子60万卖给你，多交的10万慢慢还给你，关键你还不一定能拿到，因为他可能拿去做别的项目啊，一旦项目出问题，他两手一摊，你找谁？

为什么公寓不能买？

有人告诉你的是，门槛低总价低。但没告诉你的是，新旧税费不一样啊。新公寓税费很便宜，就三个点，一旦你要卖，税费会高到让你傻眼，3个点的契税、5个点的增值税、20个点的个税、30至60个点的土地增值税，这些你来缴吗？

有人告诉你的是，装修好有赠送面积。但没告诉你的是，设计结构不适合居住啊，客厅、餐厅、卧室连在一起，没有阳台没法晾衣服，采光很差通风也很差，这才需要通过装修来转移注意力。所谓买一层送一层，原本就一层，硬生生地隔出两层，你去二楼看看，能站直吗？

为什么旅游地产不能买？

有人告诉你的是资源稀缺不可复制，没告诉你的是，旅游景点是可以无限复制的啊，长城看腻了有洱海，洱海看腻了有雪山。长城脚下的小院、洱海边上的公寓、雪山小镇下的木屋，每一个都可以告诉你它不可复制。

有人告诉你的是面朝大海春暖花开，没告诉你的是，面朝大海也可能会得关节炎，你要想自己住，先想清楚能不能受得了湿气和盐分，能不能接受得了墙体腐化家电生锈。你要想租出去，那就得看看春暖花开的时候花到底能开多久，看看花谢了之后还有没有人来。

为什么养老地产不能买？

有人告诉你的是青山绿水延年益寿，没告诉你的是，人均寿命最高的地方并不是青山绿水的地方，而是人口集中、商业集中的大城市。延年益寿的不是青山绿水，是优质的医疗、便捷的服务和完善的商业，是半夜胸口疼也能马上就医马上手术，是想找专家会诊的时候不需要来回折腾，是想找人照顾的时候可以选到一个好的保姆，是瓜果蔬菜各种服务都可以快捷地送上门。

有人告诉你的是环境安静适合养老，没告诉你的是，老年人最需要的并不是安静，而是温暖。是亲人可以陪在身边，没事可以看看孙子，周末可以和家人吃顿饺子，一家老小其乐融融地看电视，需要聊天的时候身边能有个伴，绝对不是去千里之外孤零零地看风景。

为什么环大城市不能买？

有人告诉你的是40分钟直达CBD，没告诉你的是，那是走高速不堵车又不换乘的速度，你算上换乘算上堵车算上从CBD到单位的时间，来回就得4个小时，可你一天才工作几个小时啊。天不亮就得出发，半夜才能到家，每天通勤4个小时还不一定有座位，你是铁打的吗？

有人告诉你的是价格很便宜，没告诉你的是，便宜不等于占便宜，便宜说明它不值钱啊，便宜有便宜的原因，贵有贵的道理，每一分价格都是充分博弈的。所谓贵和便宜，看的不是价格，看的是基本面，是产业配套、经济前景、学区医疗、就业机会，荒郊野外卖到了二线城市核心区的价格，那叫便宜吗？

为什么海外房产不能买？

有人告诉你的是永久产权，没告诉你的是，永久产权不等于完整产权。产权最重要的是完整，而不是名义上的永久。很多海外的房子看上去是永久，可你每年得交钱啊，不交钱就不是你的，那叫永久吗？很多一美元的房子为什么都没人要，因为税费太高，看上去免费，拿到手就得倒贴。凡事要看实利，最好的产权是在中国，你有完整的支配权，而不是今天一项税明天一项税，小数点后面算错了两位,房子还被收回去了。

有人告诉你的是可以收租金,没告诉你的是,租不出去你该找谁,坐飞机来回飞吗?租的时候出问题了该找谁,坐飞机来回飞吗?代理房子的偷偷使坏你该找谁,坐飞机来回飞吗?真要是翻脸了打官司该找谁,坐飞机来回飞吗?而且就算飞过去你又能怎么样?你熟悉当地法律吗?你知道流程是什么吗?你能在那边一直耗着吗?其实这些还不是重点,重点是,这些事情你觉得卖给你房子的人会不知道吗?他既然知道,为什么还要卖给你呢?你猜呀。

没钱更不要买公寓

不要买公寓,不要买公寓,不要买公寓。

千万不要说,我是没有钱才买的公寓,不对的,越没有钱就越不要买公寓。

之前我们说了公寓的几大问题:税费很高、前景堪忧、不能落户、没有学区、密度太高、人员杂乱、流动性差、二手没人要等。

然后有人提了一个问题:我知道这些都是问题呀,可是它不是便宜吗?

但你弄错了。

首先啊,贵和便宜不是看绝对价格的,而是看价格和价值的相符程度。这个东西值1万,他卖你9000元,这叫便宜。这个东西值1000元,他卖你2000元,这叫贵。

不能说有缺陷便宜点就行,你得知道这个缺陷到底要折价多少钱才行。问题就在于,绝大部分买公寓的人是不懂的,他们甚至不知道有哪些缺陷，比如很多人不知道二手税费高到惊人，他觉得我买新公寓缴了3个点的税，别人以后买我的，不也是3个点的税吗？

当然不是啊，你先去问问再说。你先看看能不能接受3个点的契税、5个点的增值税、20个点的个税、30至60个点的土地增值税。

你默认按照3个点去评估，可不觉得它便宜嘛。

比如，一套40年产权的单身公寓，50平方米，120万卖出，要缴的税费是33万。

33万的税啊，问题是，你不是没钱吗？

其次你要明白，钱意味着什么，意味着容错率。你的钱越多，意味着容错率越大，别人打游戏有两条命，你有十条命，走错一两步也没那么大影响。可没钱意味着你只有一条命，走错一步几乎就没有重启的机会了。

人生都是踩着坑过河，都要被社会不断教育。可教育是要讲究方式的，拿个鸡毛掸子打两下就行了，哪有上来就用核武器的。

不要相信白手起家、从头再来的故事，你看到的那些倒下之后能再站起来的，大部分原本就是富人，他玩过这个游戏，他有经验有地图，他知道怎么操作。

普通人最重要的是不要犯错，不要犯致命的错，不要犯伤筋动骨的错。

有钱人买公寓没事，小赌怡情，输了顶多是皮外伤。

普通人一共就那几十万块钱，你的最高权重是买对房子，买普通的住宅，买大家都认可的房子，买好流通好转手的房子，这样才能一步步升级。

你先上了火车，没有座位的你就先站着，厕所里面挤一挤也行，半夜有座位了，去换一个硬座，再有人下车，再去换个卧铺，这样一步步升级。

升级的前提是你得有车票啊，你不能买错车票啊，哪怕先挤在厕所里，至少和别人是同一个速度的。

你不能开辆手扶拖拉机跟人说，咱俩换个座呗。换不到的。

越没有钱越不能犯错，越不能铤而走险，越不能图表面上的便宜。

挣钱不易，花钱更不能稀里糊涂。

普通人，你就老老实实买住宅，哪怕它小一点，没错的。

明明买的是住宅，为什么房产证上显示的是公寓？

有这么一个新闻，买房之前说的是住宅，合同上写的也是住宅，结果房产证下来，显示是公寓，而且销售人员也没提前说，这到底怎么回事？

因为水太深了。

公寓、住宅分不清楚，可不是你的问题，而是命名方式真的太混乱了，一乱，就有人浑水摸鱼。

不想被人坑，就一定要看完。

很多人不知道，市面上其实一共有三种所谓的公寓，一字之差，但是天壤之别。

一是名叫公寓的住宅，二是公寓型住宅，三是住宅型公寓。

第一个，没问题；第二个，小问题；第三个，大坑。

你要是分不清，就记住一点，查土地性质，土地性质决定了你的房子到底是公寓还是住宅。比如你打开房产App，找到你要买的小区，查类型一栏，是住宅就没问题。

那这三个到底是怎么一回事呢？我给你讲清楚。

什么是名叫公寓的住宅？

就是100%的住宅，土地用途也是住宅，各个方面都符合住宅的标准，但就是名字里有"公寓"两个字。有一些是命名习惯，比如海南，有一些高层住宅起名叫某某公寓。还有一些城市的老房子，比如2000年前后的，当时为了彰显时髦，也给住宅加上了"公寓"二字，就好像夏威夷海岸，它不是什么海岸，它就是个小区名，它也不靠近大海，就是个普通住宅。

这种你拿到房本，显示的住宅，没有任何问题。

那什么是公寓型住宅？

就是没有100%达到住宅标准，但土地用途又是住宅，也就是公寓是个修饰语，核心是住宅。

因为按照规定，日照时间达标的才能被称作住宅，其他的不达标的只能被叫作公寓。所以就会出现一些奇怪的情况，就是同一个小区有几栋楼，这几栋日照达标，那么它就叫住宅；其他几栋不达标，就叫公寓。甚至还会有同一个楼，多少层以上是住宅，多少层以下是公寓，就是日照的差异。

这就是开头那个例子，合同里面是住宅，但是25层以下有些楼层因为光照不达标，显示的是公寓。

这种你拿到房本，如果显示的是公寓，也没有什么大问题，唯一的缺点是日照时间有点短，其他都和住宅一样，税费交易落户都没问题。

因为土地性质是住宅，就是那一块地的用途是住宅，这才是关键。

那什么是住宅型公寓呢？

这是真正的坑，是真正的商业公寓，真正不能买的那种公寓。

事实上，这个词语更多是开发商自己造出来的。

因为它的土地性质是商用，但是房子盖好之后不好卖，房地产商就按照住宅的风格去装修，有的还隔出一个上下层，楼下客厅、楼上卧室，让你觉得这就是住宅，这种叫住宅型公寓。套路玩得深的，拿混合地块的70年跟你去签合同，实际上你买到的是50年的。

你要是买了这样的房子，哪怕你能打赢官司，也得脱一层皮。

说了这么多，核心的一点是什么？

是土地性质。

产权不看房屋，只看土地性质。

你只要搞清楚土地性质，就不会错。搞不清楚，就下载一个房产App，拿不准，就去查一下。

贷款买房三条原则

贷款买房需要牢记三个原则：第一，贷款越多越好；第二，年限越久越好；第三，月供越少越好。

不按这三点来的，全部都是错的。我们一条条解释。

第一，贷款

为什么贷款越多越好，为什么能贷七成就不要贷五成？因为趋势。

人生在世，重要的不是你做了什么，而是趋势是怎么走的。人生不过一叶扁舟，你往哪儿划不重要，选对风向才重要。

很多人特别喜欢付全款，觉得无债一身轻。

搞错了，这是有前提的，那就是钱的购买力得不变才行，在这种情况下，你才没必要贷款，才没必要多还利息。

问题是，购买力是不变的吗？

30年前的冰棍是一分钱一根,现在多少钱?

30年前的西瓜是5分钱一个,现在多少钱?

30年前的月嫂是15块钱一个月,现在多少钱?

这是什么,这就是风向。通货膨胀导致购买力缩水,这才是你考量的最大权重。

想跑赢风向,你就得顺风划船。

想跑赢通胀,你就得借助通胀。

通胀可以让钱贬值,也可以让借来的钱贬值。

而钱是什么?是劳动的寄存器。

你的钱放你手里,贬值的是你的劳动。

借来的钱放你手里,贬值的是别人的劳动。

别人用他的劳动给你换了个大房子,请问是不是好事?

第二,年限

为什么年限越久越好,为什么能贷30年不贷20年?因为规则。

和通胀赛跑是一个长期的过程,它跑,你也得跑,才能跑得过它。你只要一停,马上就会被它超过。

只要你停下来,无论你挣多少钱,都会被逐渐拉平。

当年很多人能挣钱,下海捞到第一桶金,是镇上的首富、街坊的明星,后来呢,又变回普通人了。

30年前10万是巨款,今天呢?

为什么？因为你停了呀，但通货膨胀没停。

无论你多能挣钱，无论你挣多少钱，你的力量在时间面前都不值一提。无论你速度有多快，无论你领先了多少，只要停下来，就一定会被通胀超过。

所以想跑赢，就得尽量把时间拉长，能跑30年，就不要跑20年。能多跑一会儿，就不要提前停下来。

第三，月供

为什么月供越少越好？为什么一定要选等额本息？因为极限。

买房子是个极限运动，大家倾其所能就是为了买到一个好房子，恨不得把所有的钱都拿出来买一个最好的。能够到200万，就买200万的；能够到300万，就买300万的。每一分钱都是要用尽的，就是为了让这个房子能再好一点点。

这样的话其他方面一定会捉襟见肘。比如，月供稍微多一点，你的生活水平就会直线下降。

问题恰恰出在这儿，等额本息和等额本金是不一样的。

比如同样是贷款200万30年，等额本息固定还款10736元，但等额本金第一个月要还13888元。

本来就是咬着牙买房，现在又凭空多出来3000块钱，这会极大影响你的生活质量。可是拉长时间看，这3000块钱30年后就是毛毛雨了。

这就是为什么一定要选等额本息，因为它可以在你最艰难的起步阶段，帮你压低月供。

月供越少，就意味着你可以更好地容错，享受更好的生活。

月供越少，就能分出更多的钱给首付，换到更大更好的房子。

月供越少，你日常的压力就越少，生活品质就越高。

月供越少，你还款的时间就越长，通胀稀释贷款就越充分。

明白了吧？

所以一定要记住：贷款要多，年限要久，月供要少。

能贷七成，不贷五成。能贷 30 年，不贷 20 年。能选等额本息，不选等额本金。

千万千万不要弄反。

买新区还是买老城

买房子的话,到底是买新区还是买老城区呢?哪个会更保值,哪个未来的潜力更大?

答案是不一定,取决于你的城市量级,不同的量级策略完全不同。

先说第一个情况,如果你在三、四线城市,记住结论:能买新区尽量买新区,不要碰老城,不要碰老城。

因为小城市的地段非常容易复制转移,但凡一个三、四线城市,基本都会规划一个新区,然后把重心转移过去。

新区有更发达的商业,有更好的学校,有更宽敞的马路,有电梯,有商场,有空调,有各种年轻人喜欢的元素,这些,老城区都提供不了。

老城只是过去的延续,它是几十年前的业态、几十年前的建筑,它会一天天地老去。很多三、四线的老街,几乎没什么人,偶尔有一家杂货店,门口几个老人在晒太阳,就是一条古老的街,充满了过去的回忆。

你会在老街回忆那些老邻居，回忆小时候怎么玩泥巴，一转身，你就会带你的孩子去新区玩最新的充气城堡，去报名新开的舞蹈班。

这就是过去和未来的冲突。

未来的年轻人，一定是在新区的。你买了老城区，未来可能很难转手。

记好了，小城市，买新区。这是小城市的逻辑。

如果你是在一、二线城市，情况又不一样。

因为一、二线城市的量级很大，不是说你开发一个新区，它就能轻易转移过去。

而且一、二线城市很大，大到从东城到海淀，几乎是一个小城市的市区到乡镇的距离。而距离大会导致什么？会导致稀缺资源的价值更加突出。

你在三、四线城市，不论是新区还是老城，你去中心医院可能就是 10 分钟和 20 分钟的差距。如果你在一、二线城市，不同的位置离那个医院可能要相差一两个小时的路程。

而时间就是最好的壁垒，这个时候你买老城就会非常稳，它会随着城市的基本面的上涨而上涨。

大城市买老城区，是可以增值保值的。

那大城市新区能不能买呢？你得分情况，你会发现有些城市的新区可以发展起来，比如郑东新区，就发展得非常好，而有些城市的新区就沦为了"鬼城"，很多很多，具体我们就不提了，你可以在网上搜一下。

为什么同样是新区,有的能发展起来,有的等很多年依然是"鬼城",问题到底出在哪儿?怎么判断一个新区有没有前景?记住以下几点:

第一,规格。新区的规格一定要高,一定要足够高,国家级的新区才有价值。

因为规格高,意味着发展潜力大,意味着发展动力足,它有足够强的基础做保障。

第二,距离。新区和老城一定要无缝连接,中间不能有太长的空白地带。具体一点,新区不能在老城区 20 千米以外,距离太远的话,通勤成本会直线上升,而城市的扩展速度又是有限的,很可能导致你买了之后卖不出去。

第三,人口和产业。人口和产业一定要强,郑东新区为什么发展这么好?因为背靠一亿多人口的河南省,而郑州是省会,它还虹吸了晋中、晋南这些地方的人口。郑东新区有超大体量的产业导入,未来是郑州最大的产业载体,有了这些基本面的支撑,它才能发展得起来。

而那些变成"鬼城"的新区,要么规格不够,要么通勤成本太高,要么人口产业不够强,基本都是这个规律。

买房若不想踩坑,就一定要看懂背后的逻辑。

关于楼层的那些事儿

总楼层是怎么来的

买房怎么选楼层，同样一栋楼，同样的户型，买几层最好？哪些楼层性价比高，哪些楼层会有暗伤？

先说总楼层，你有没有想过一个问题：为什么你见到的几乎所有的楼层，都是6层、11层、18层、26层、33层？

很少有7层、19层、37层的，是开发商约定好的吗？

当然不是，谁会做这么无聊的约定，之所以齐刷刷地这样，一定是有一个看不见的规律来制约的，那到底是什么呢？

先说《住房设计规范》，这是国家为了保障城市居民的基本住房条件，提高住宅质量，使住宅设计符合适用、安全、经济等要求而制定的。有了它，你再去看楼层总高，就通透了。

为什么没有7层的楼，因为《住房设计规范》中规定，7层及7层以上的住宅或住户入口层，楼面距室外设计地面的高度，超过 16 米以上的住宅必须设置电梯。

要知道，现在住宅高度一般都是 3 米，如果是一个 6 层的楼，那么它到第 6 层地面的距离就是 3×5=15 米，没有超过 16 米不用装电梯。一旦到了 7 层，它就变成 18 米了，必须安装电梯，这样就会增加一大笔费用，而且会降低得房率，所以一般总高就是 6 层。

为什么总高没有 12 层的呢？因为 11 层以上就需要加装消防电梯，防火门要达到乙级，这样的话又会增加开支，所以一般会停在 11 层。

那为什么没有 19 层的呢？超过 18 层的消防楼梯至少要装两个独立的消防分区，电梯必须加装消防电梯，电梯数至少为两部，而且楼梯间还要设计成封闭的。

那为什么没有 27 层的呢？因为 80 米的高度限制。考虑到机场高度限制、微波通道、城市规划等问题，很多城市的住宅高度是限制在 80 米内，而每一层的高度是 3 米，这样 80/3 就等于 26。这么来的。

那 33 层呢？因为 100 米的高度限制。一层是 3 米，33 层刚好 100 米，超过 100 米就是超高层建筑，要求又严格了很多。比如地基需要更深、抗风压要求高、风气水的密闭性要更好、子系统工程量也更大、消防要求上还需要增加避难层，需要专门的评审，非常麻烦。

当然也有 35 层的，但你观察一下会发现，这些楼很多层高都是 2.8 米的，每一层低一点，这样的话上限就变成了 35 层。

所以是什么在制约楼层总高啊？

是成本。

不论是6层、11层、18层还是33层，背后都是成本在起作用，成本制约的前提下，怎么让收益最大化，自然就演化为这么几个结果。

哦，你这么一说我明白了，可这么多楼层，到底选哪个好呢？

楼层中的那些秘密

高层住宅到底选几楼好？每层的优缺点分别是什么？买之前怎么知道住起来舒不舒服？

今天讲清楚。

其实选楼层，不外乎这几个要点：

一、采光；二、噪声；三、视野；四、便利性；五、性价比。

先说采光，我们都知道同等条件一定要选采光好的，可你不住进去，就很难知道一天的采光。

要知道我们国家幅员辽阔，从北到南差别极大，而且不同的小区，建筑密度、楼体间距、楼高层高都不完全相同，你说怎么判断才知道采光好不好？

我们必须知道一个指标。

那就是《住宅建筑日照标准》，按照这个标准，冬至日日照一小时以上为达标。

建筑气候区划	ⅠⅡⅢⅦ气候区		Ⅳ气候区		Ⅴ、Ⅵ气候区
	大城市	中小城市	大城市	中小城市	
日照标准日	大寒日				冬至日
日照时间（h）	≥2	≥3			≥1
有效日照时间带（h）	8~16				9~15
日照时间计算起点	底层窗台面				

注：1. 建筑气候区划应符合本规范附录 A 第 A.0.1 条的规定。
2. 底层窗台面是指距室内地坪 0.9m 高的外墙位置。

图 5-1　住宅建筑日照标准

注意啊，达标只是底线，就好像你的成绩及格一样，你如果想要更好的采光，就必须比标准线更高。

你知道，一些小区总有一些房子是日照不达标的。

理论上这种房子应该明示为公寓，有些开发商为了卖房子，他不告诉你。

图 5-2

怎么避免买到这样的房子,有一个办法,很多人都不知道,那就是查询楼盘规划和日照分析图。

登录当地国土资源和规划局网站,搜索楼盘名称,可以查到具体规划,一般会附上日照分析图。

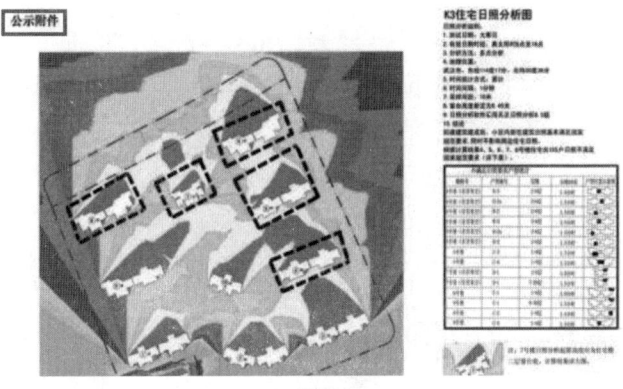

图 5-3

你可以清楚地看到哪些楼盘哪些楼层日照不足,选房的时候尽量避开。

结论
拟建建筑建成后,小区内居住建筑日照基本满足国家
规范要求,同时不影响周边住宅日照。
根据计算结果 4、5、6、7、8 号楼住宅共 135 户日照不满足
国家规范要求(详见下表)。

不满足日照要求户型统计				
楼栋号	户型编号	层数	日照时间	户型位置示意图
4 号楼(首层架空)	B-3	2～6 层	1.5 小时	
4 号楼(首层架空)	B-3a	2～6 层	1.5 小时	
4 号楼(首层架空)	B-2	2～6 层	1.5 小时	
5 号楼(首层架空)	B-3	2～6 层	1.5 小时	

图 5-4

要是查不到或者当地没有的话，你可以搜索模拟楼盘阳光或者住宅日照分析。

进去之后选择城市搜索楼盘，就可以精准看到3D的日照数据，该选哪个一目了然。

图 5-5

如果你还觉得麻烦，有一个简单的方式可以参考，那就是障碍物的楼高减去楼距。

举个例子，障碍物90米高，楼距是50米，那么90米减去50米就是40米。你如果想获得更好的采光，那么你的楼层应该是40÷3=13层，也就是选13楼以上。

记住，同等条件下，尽量选日照多的。

第二个，噪声。

要想减少噪声，不是楼层越高越好，也不是越低越好。而是有一个区间。

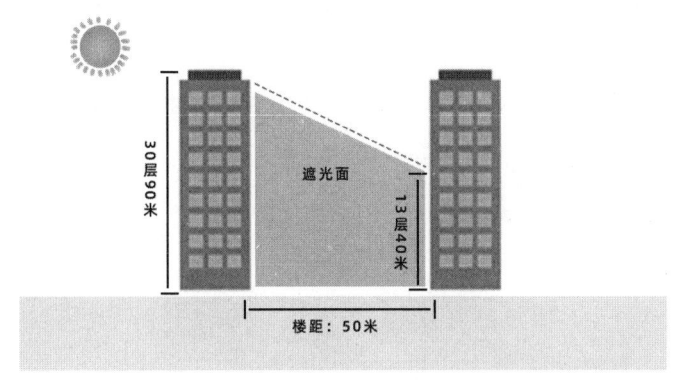

图 5-6

楼层低的话,有很多建筑物和树木的遮挡,可以吸收声波。

楼层特别高的话,传播距离又会消耗能量。

具体请看图示。最下面是声影区,中间是衍射声波,再往上是直接声波。

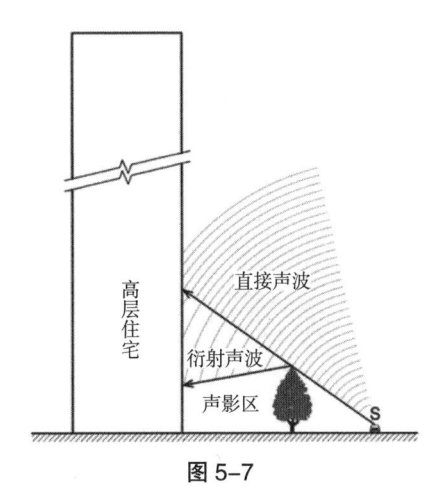

图 5-7

记住这个数据，一般对于高层住宅来说，30～70米高的范围内噪声较大。

我们换算成楼层，就是低层比如5楼以下的噪声比较小，因为有声音屏障挡住了噪声源。

10～20楼的噪声最大，因为遮挡物消失了，噪声源更多了，而且声音可以直接传过来。

再往上，比如25楼以上，噪声又开始减少，因为距离越远声音衰减得越厉害。

并不是说噪声大就不能选，只是说同等条件下，尽量选噪声小的。

再说便利性和视野，这两点简直在说一楼和顶楼。

一楼的优点是：出行方便、水压高、不用电梯、活动方便。缺点是：采光差、容易回潮、隐私差、蚊虫多。

顶楼的优点是：视野开阔、采光好、通风好、噪声小。缺点是：漏水问题、保温问题、水压问题、电梯故障问题。

这只是极端情况，一般来说，一楼有地下车库或者地下室的，潮湿问题就会明显改善。而且如果是在特别潮湿的南方，一楼潮湿，十楼也好不到哪儿去。

顶楼的漏水也是，除非是在极寒地区的东北城市，大部分地方其实都处理得很好，基本不用担心。

其实一楼和顶楼有一个关键的优势，是其他楼层没有的，那就是赠送。

很多时候，一楼往往送花园或者地下室，而顶楼往往送露台和阁楼。你单看一楼和顶楼，可能优势并不大，如果把赠送面积算进去，可能就会变成首选。

凡事要考虑性价比，任何缺点都能折价，你得看哪个权重更高。

明白了大方向，基本的思路就有了。但是选房当中还有一些特殊楼层，这些楼层会存在什么问题？有什么要注意的？

特殊楼层特殊在哪儿？

千万不要选二楼，因为会喷粪。

千万不要选槽钢层，因为会漏水。

千万不要选设备层，因为会太吵。

千万不能选腰线层，因为会积水，会遮阳光。

千万不能买带 4 的楼层，因为以后会很难出手。

千万不要买 9 ~ 11 层，因为它是扬灰层，空气最差。

如果你记住了这几点，好，那就再加一条，以上全不可信。

为了流量，很多自媒体放大缺点以偏概全，你得了解真实情况。

比如二楼喷粪，很多人看到过类似新闻后就不敢买二楼。其实是没有问题的。先说原理，为什么二楼会出现这种情况，因为一楼是单独走管道的，二楼承载了以上所有楼层的管道，万一有问题的话，大概率是往二楼喷的。

你要注意，这些情况大都是很老旧的小区，现在的小区都已经做得非常好，基本不用担心这个问题。

你想想全国有多少个城市、多少个小区、多少个楼盘、多少个二楼，概率基本上和你中 500 万彩票差不多。

你要是真担心，技术上也有办法。

安装下水止逆阀，安装单向止逆地漏都能解决，技术非常成熟。

再比如槽钢层漏水的问题。

先说什么是槽钢层，盖房子的时候要在墙上打孔，然后里面放一些钢筋，建好之后再把钢筋抽出来，把孔封上。这样就会出现一些封闭不严的情况，可能会漏水。

但这种概率也几乎是零，因为以现有的工艺，会先填补洞口，再用砂浆层封口，再外加保温层、防水层和外墙。而且成本很低，真没必要偷工减料，况且房子又不是泡在水里的，就算真有缝隙，得下多大的雨才能渗进来。

就算你担心，你怎么知道哪些是槽钢层？盖楼的时候你去看了吗？还是说你能看懂图纸？

这个问题你就完全忽略好了，现实中也根本没有任何折价。

所谓的设备层太吵，这点完全说反了。其实相对于设备层的那点噪声，真正的噪声来自你楼上的邻居。我们很少听说设备层让人睡不着的，但是楼上楼下经常因为噪声吵架倒是真的。小孩在地板上打个篮球，狗在地板上跑来跑去，夜里十二点还在弹钢琴，对你的干扰是远远大于设备层的。

而且现在很多新楼的设备层基本都是在顶楼或者底楼，隔音已经做得很不错,而且就算有噪声,也很规律,它和人的活动有关,白天大家很忙的时候,噪声大点,到晚上大家都睡觉了,没人冲水没人坐电梯,就安静很多,所以几乎不会有影响。你如果特别担心噪声,更应该关注的是楼上邻居的作息和素质,设备层下方,反而是更安静的。

所谓的腰线层不能买,你得看腰线的长度和角度。

什么是腰线,就是装饰线,凸起一些,装饰一下,不然看着太呆板,像个板砖。

图 5-8

现在一般都是 30 厘米以内,而且很多是斜的,不存在积水或者遮挡阳光的情况。

唯一要注意的是这种过于突出的大腰线,可能会对楼下的采光有影响。

图 5-9

至于带 4 的楼层以后卖不出去,你得知道价格是什么。价格源于共识,而共识是在不停地变动。你喜欢米老鼠、唐老鸭,可是人家孩子早就不看了,你觉得好的,人家未必觉得。同样,你介意的,人家未必介意。

所谓的数字忌讳,那是旧时代遗留下来的,老年人特别迷信。以后买房的年轻人越来越多,这些人刷着短视频用着智能手机长大,接受的都是现代教育,没那么多人信这个。稍微装修好一点,优势就大过楼层了。

比起数字,年轻人更在乎的是装修和感觉,时尚简约的 24 楼和土里土气的 23 楼,肯定选 24 楼啊。

至于 9 至 11 层是扬灰层,早就已经辟谣了。

央视当时做了一期节目,专门邀请国家环境保护城市空气颗粒物污染防治重点实验室主任,利用专业设备进行了专业测试。而且采用了手动采样和机器采样两种方式,最后的结论都是:楼层越高，总颗粒物的浓度就会越小。

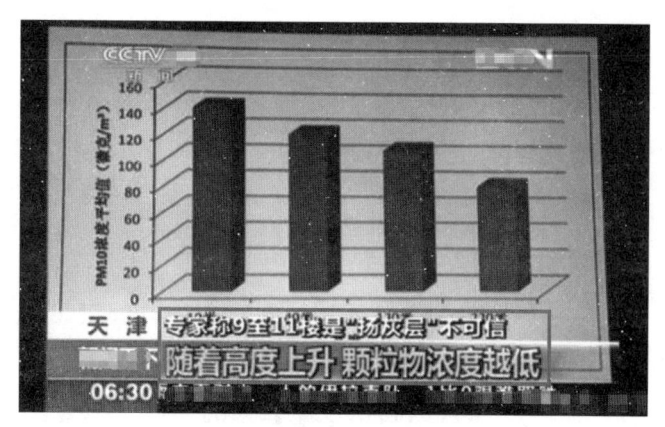

图 5-10

其实选楼层没有那么复杂，大概记住一个原则就行，最佳的楼层应该是楼高的 1/3 到 2/3 处。比如 21 层的楼，那么它最佳的楼层应该是 7 ~ 14 层，无论是采光、空气、噪声还是性价比，都是很不错的。

但是千万不能生搬硬套。

因为楼层的优劣有一个极其重要的前提：同等条件。

同一个小区、同一栋楼、同一个户型，其他参数都定下来了，比较楼层才有意义。

楼层是细枝末节的，城市、地段、区域、小区环境、物业情况这些才是更大的权重。

如果楼盘选错了，住一层不舒服，那住任何楼层都不会舒服。

分清权重，再优中选优，千万不要舍本逐末。

公摊面积的是是非非

公摊面积是怎么来的

为什么我买了100平方米的房子，到手只有70平方米？因为那30平方米被公摊了。

公摊面积是怎么回事，公摊都有哪些坑，取消公摊会怎么样？今天我们讲清楚。

先说来源，"公摊"这个词是从香港传过来的。

在1952年之前，香港地区的楼房都是按栋去卖的，因为它沿用的是当时英国的法律，整栋房子是一个完整的产权。

不能拆。

要么，就不买。

要买，你就买一栋。

你说我买一间，那没法卖。

所以，当时买房子根本没普通人什么事，普通人只能租房子。

而且租房也没那么容易，当时的房租房价比是非常高的，几乎是10%，想租，你得先预付两年的房租，再交一笔押金，再加上中间人提成再加上税费，全部算下来，租一次房子的费用可能要房价的30%，这导致很多人租不起。当时得由二房东出面，凑钱把整幢大楼整租下来，再拆散了，一间间租给散客。

当时的商业模式非常落后，商业效率非常低。

普通人买不起房，开发商就盖得少，然后就更买不起。

直到有一个人出现，把原有的模式撕开了一个口子。

这个人叫吴多泰，他是个地产商。

他的想法是，能不能按层卖。整栋楼买不起，那我按层卖呢？一栋楼有5层，只买一层，不就便宜很多吗？

这在当时可是史无前例的做法，五个人共有一个产权，那就大大降低了购房门槛，用这种方法，他把两栋楼拆分成10套出售，几天内就销售一空。

可是这个方案依然有问题，因为就算是按层去卖，每一层的价格也不低啊，一套90平方米的房子就得2万港币，当时普通人月收入才300港币，还是买不起，怎么办？

1953年，又有一个人，他用两个创造性的发明，彻底改变了这个局面。

他叫霍英东。

这两个创造性的发明，一个是楼花，另一个是分割。

所谓楼花就是期房，以前是房子盖好了再买，但是资金量要求太大，所以地产商很少，当时只有英资的大企业才有这个实力。

地产商少，那新房的供应就少了，所以当时香港的住房非常紧缺，居住条件很差，而且就算普通开发商想盖房子，也没有足够的资金。

一边是想买房子没得买，一边是想盖房子没钱盖。

而楼花一出来，门槛一下子变低了。大家可以买期房了，你可以先预付30%的钱，认购一间房子。售楼说明书就是当时发明的，也就是现在的户型图，房子还没盖，但你可以先选。这样的话，开发商也可以拿到预付款，加上自有资金，就可以把楼盖起来了。

另一个发明叫分割，也就是产权分割。

按层卖还是太贵，那我分成100户呢，门槛就降到之前的1%，普通人终于可以买到自己的房子了。

那你说这个之前为什么不做呢？

因为有一个问题没解决——公共区域。

按户卖和按层卖是不一样的，按层的话每层的面积是一样的，公共区域每个人出1/5就行了，因为是平均在使用。可是按户卖就不行了，每一个户型的样子、占用的面积都不一样，没有办法平均，就会有各种纠纷。

到这里，就引出了开头的概念——公摊。

就是大家按户型面积分摊，你房子大，就多分摊一点；你房子小，就少分摊一点。

这样的话就把一个只能批发的大产权，变成了可以零售的小产权，每家每户都能买到自己的房子，开发商的门槛也变得非常低。

我们知道香港地产的四大家族：长和、新地、恒地、新世界，都是那个时候兴起的，并且依靠这种先进的商业模式，最终战胜了英资的太古、怡和、嘉道理。

再看房价，开发商多了，盖的房子就多了，开发商相互竞争，买家的房价房租逐渐下降，当时香港居民的居住水平直线提升。

后来内地也有了商品房，这一套是从香港那边借鉴过来的，也就沿用了公摊面积。

我们今天觉得，单买一套房子天经地义，而且期房也理所应当，其实一开始并不是这样的，这是产权细分＋金融工具的结果。

也就是所谓的公摊面积是商业创新，如果不是公摊，你不可能拥有独立产权，也不可能这么早住上自己的房子，因为你要么买下一层，要么只能租房，没有第三条路。

可这里有个问题，既然是创新，为什么这么多人骂公摊呢？到底哪个环节有问题呢？

公摊面积水有多深

为什么同样是120平方米，有些地方可以做出四居，但有的地方只能紧巴巴地做成小三居？

因为公摊不一样。

买房要注意三个面积：建筑面积、套内面积和公摊面积。

所谓建筑面积，就是你在各类房产App上看到的面积数字，你去问中介，他们一般也是报的建筑面积。

而套内面积就是实际居住面积，你拿个尺子在房间里量，各个房间面积加起来就是套内面积。

为什么会有这两个面积呢？

因为有公共区域，比如电梯井、楼梯间、管道井，这些是要算到总建筑面积里面去的，然后摊给每家每户，这就叫公摊面积。

建筑面积120平方米，套内面积100平方米，那20平方米就是你分摊的电梯井、楼梯间这些面积。

想得房率高，记住两个诀窍，一个是数楼层，另一个是数面积。

数楼层就是你看这个房子一共有多少层，总楼层越高，实际面积就越少，你公摊的就越多。

具体一点，总楼层7层以下，公摊一般为10%；7至11层的，公摊为14%；12至18层的，公摊为18%；19至33层的，公摊为20%。

你说为啥是这样呢？

因为《建筑设计防火规范》。

7层以下的楼，只需要一部敞开楼梯间。

7至11层的楼，需要一部封闭楼梯间+一部电梯（当户门为乙级防火门时，可采用敞开楼梯间）。

12至18层的，需要一部防烟楼梯间+两部电梯（其中一部为消防电梯）。

19至33层的，需要两部防烟楼梯间（或剪刀梯）+两部以上电梯（其中一部为消防电梯）。

也就是楼层越高，公共区域也就是交通核就越大，你拿到的实际面积就越小。

你去看，一个 5 层的板楼和一个 19 层的塔楼，同样 120 平方米，里面感觉完全不一样。

那数面积又是怎么回事呢？

比如说两栋楼总高都是 18 层，都是一梯两户，一栋是 90 平方米，另一栋是 120 平方米，120 平方米的得房率更高。

这也是由消防要求决定的。虽然户型小，但消防要求是不能缩水的，比如楼梯长 5.1 米、宽 2.6 米是固定的，这样的话，小户型的房子公摊更大。

你说还有这么多门道啊，但这些都只是信息差，它不是坑，你要是真不懂就去问销售，他也会告诉你。

公摊面积真正的坑，在这两个地方：

第一个坑：你没法量。房子你可以量，但是公摊你怎么量，我刚才讲的那些很多人都第一次听说，你说你怎么量公摊？所以这里就有一个漏洞。

要知道楼盘在销售前有一个重要步骤，就是找专业的测绘公司实地测量，拿到测绘报告，才能办证。

问题在于，万一有开发商和测绘公司心照不宣，多写那么一丁点儿，你怎么知道？你很难拿到那个报告。

比如说一共 4000 套房子，均价 5 万一平方米，那开发商每多算 0.1 平方米的公摊，就多出来 2000 万。

第二个坑：重复收费。就算测绘公司的数据没问题，你怎么知道哪些地方是被划作公摊了呢？公摊的划分是没有统一标准的，方式也是五花八门，如果开发商动点歪心思，也可以钻空子。

最典型的就是把消防应急场所划作公摊区域，先收你公摊的钱。

然后呢，人家又把它改为车位卖给你，再收你车位的钱。

一个车位20万，100个车位就是2000万。

一鱼两吃。

而你从头到尾都不知道。

既然公摊有这么多问题，那取消公摊不就好了？

还真不是。

取消公摊会怎么样

公摊面积太黑了，300万的房子，50万都交给公摊面积了。

公摊面积太黑了，套内只有100平方米，取暖却要按120平方米的建筑面积收。

我又不住楼梯间，凭什么要交楼梯间的取暖费啊？

关于公摊面积，这是流传最广的一个说法。

不好意思，它是错的。因为它在操控你的情绪，它告诉你开发商在黑你，公摊面积就是让你多交钱的。

可是我们得多想想经济学的原理。

取消公摊，你的取暖费能便宜吗？不能啊。

取消公摊，你的房价能便宜吗？也不能啊。

你得弄清楚公摊到底是什么，它是装水果的纸箱子，是绑螃蟹的那根绳子。

你说我买了一箱苹果，我要的是苹果不是箱子，那箱子为什么要算钱？

大哥，你不要箱子，苹果就不是这个价啊。

螃蟹也是一样，当年有些自媒体说给螃蟹绑根草绳就是为了多收钱，太黑心了。

但是没有绳子，螃蟹只会卖得更贵啊，而且你怎么拿，不怕被夹吗？

公摊面积也是一样，之所以是这个价格，就是因为公摊过了，所有的价格因素已经折算过了。

经济学上，只改变计价方式，是改变不了价格的。想改变价格，得看土地供应、产业结构、人口结构，这些才是关键。

很多人总是说取消公摊，但真取消公摊了，物业费就会从每平方米 1.5 元变成 1.8 元，房价就会从每平方米 2 万变成 2.5 万。

还是那套房，但是对你来说就不一样了。

因为以前你可以告诉别人，我买了套 100 平方米的房子，结果一取消公摊，你就只能说我买了个 70 平方米的房子，听起来就有点小，虽然还是那套房。

公摊本身没有好坏。

公摊越高，居住环境越好，但也意味着实际面积越少。

公摊越低，实际得房率越高，但也意味着居住环境缩水。

钱只有一份，永远要在更好的环境和更便宜的价格之间取舍。

如果完全取消公摊，就可能出现一个副作用——走极端。

不用考虑公摊了，那就只追求套内，公共区域可能会偷工减料，没那么多积极性，设施配套会减少，楼道只能进一个人，电梯只能挤两三个人，最后的结果是舒适度会大打折扣。

公摊面积的更好解决方式是什么？是增加一个参数。

比如，2012年，重庆出台《重庆市城镇房地产交易管理条例》，明确规定，商品房的现售和预售，要以套内面积作为计价标准。也就是说，当地的房子是同时拥有套内面积和建筑面积两个维度，你买房的时候，他会告诉你套内单价和建筑面积单价，这样，就可以直观比较不同的楼盘。

公摊面积不是坑，公摊面积不透明，才是坑。

被忽视的买房细节

二手房买卖中有一个非常隐蔽的坑,但是看起来人畜无害,所以特别容易被人忽视。不出问题大家都好,一旦出问题,肯定是买家吃亏,然后还得往肚里咽。

是什么呢?户口问题。

你千万不要以为你买了这个房子,原房主的户口就应该迁出去,不迁出去的话我有很多办法。

还真不是,在有些城市,他不迁出的话,你几乎没有任何办法。

口头协议是无效的,遇到不讲道理的,坑的就是你。

你想去法院告他,不好意思,不属于合同纠纷。

你去行政部门申请,不好意思,没有办法强制迁出。

为什么是这样呢?

因为户口问题属于行政权,而法院负责的是司法权,司法权是没法干涉行政权的,所以流程上如果房东真不愿意迁出去,你去法院是没用的。

最后你只能去求房东，你俩商量，他再给你加点什么要求，你也只能答应。

比如这样的新闻，180万的房子，因为着急用钱，房东150万卖了，卖了之后，人家后悔了，怎么办？

加点钱呗，钱不到位，原房主的户口就是各种原因迁不出去，而且一拖就能拖两年，你说怎么办？

如果不是买家提前留了一手，那就铁定要吃亏的。

留了哪一手，这个我们最后讲。先科普一下，户口要是真不迁出去，你会遇到什么问题？

最主要的就是孩子上学问题，有些学校要求很严格，他这边没迁出去你那边就上不了，但上学这个事情没有在合同里面写呀，到时候要真的上不了学，你只能说好话求人家嘛。

不仅是学籍问题，还有拆迁问题、原房东的债务问题，你不把户口问题解决了，就可能遇到各种想不到的麻烦。

这些其实还都是小问题，户口还有一个更隐蔽、伤害性更大的问题：价格折损。

就是你卖房子的时候，虽然你没留意户口，但是你的下家留意了，他来这儿就是要落户的，如果你说你的户口能迁走，原房主的户口迁不走，那你说遇到这事，你是不是得少卖个10万8万的？

谁来赔你这个损失？

一定要知道，价格和受众正相关，潜在受众减少，就等于变相折损价格。

做事情要考虑全面，尤其房子这个超大型的标的，一辈子就买那一两次，绝对不能因为一个故障搞死机了。

解决这个故事的要点，就是一句话：把行政权转回司法权。

怎么转呢？

合同，合同约定。

签合同之前，务必要在公安机关户籍科查清楚户口情况，然后在合同里面白纸黑字约定，户口什么时候迁出，几月几日之前，不迁出的话违约责任是多少，一天万分之五还是万分之几，或者先让房东交押金，比如10万块钱，这钱我不要您的，户口迁出之后我把钱退您。

让他二选一。

这个时候他再找任何理由不迁出，这就属于合同纠纷，法院就可以受理了。

你去起诉，一起诉一个准。

没人希望对方是坏人，万一你遇到的话，你得有底牌。

工资涨了是好事吗

工资涨了是好事吗?

未必,你得分清楚为什么涨,到底是真涨还是假涨。

什么叫真涨,你进了一家非常好的公司,年轻有为,进步飞快,有非常好的上升通道,你的职责越来越大,你的价值越来越大。

这种叫真涨,因为你的价值提升了,所以拿的钱变多了。

这种是好事,可遇不可求。

可是你观察这个世界,更普遍的是另外一种涨:假涨。

就是你的能力没有提升,你的职位也没有变化,你的工作也没有任何实质性的调整,但是工资涨了,之前4000,现在变5000了。

比如我们经常看到同一个岗位,10年前是5000起薪,现在要10000起薪。

如果遇到了这种涨,一定要当心,千万不要沾沾自喜,千万不要觉得自己多挣了。恰恰相反，它说明你正在不停地滑落。

因为这种涨是通货膨胀带来的，如果你的劳动没有任何变化，工资的上涨仅仅是因为水涨船高，仅仅是一个数字的变化。

看上去是多了，实际上是少了。

为什么呢？

因为通货膨胀需要一个传导过程，传导链条分三步，分别是资产、物价和工资。

资产先涨，物价后涨，工资最后。

比如市场上多出来一笔钱，那这笔钱通常会优先借给富人，因为富人手里有优质的抵押物，对银行来说风险最小。

富人拿到这些钱之后可以去扩大自己的产业规模或去买一些优质的资产，因为这个时候购买力还没有贬值，买得越多赚得就会越多，这样的话他就可以通过优质的资产把自己的财富保护起来，比如说他买了优质的房产，买了优质的股票，所以，这些钱会推高这些资产的价格。

而资产价格上涨之后，就会引发更多的供给。

比如说股价如果上涨，就可以扩大原有公司的规模，可以扩大新的业务，或者带动更多的创业公司。他们会租写字楼、雇员工、建厂房、买生产线，这些钱就可以花出去。

而拿到这些钱的人呢，他们又可以把钱投入到自己的产业或者拿去消费，这笔钱逐渐地散开了。这个时候增发的货币逐渐地到了每个人的手里，物价就开始一点点地往上涨。

第三个环节，老板会发现销量突然变好了，他觉得自己挣到钱了，后来又慢慢发现，好像运费、房租、人力各种成本都涨上去了。他发现原来所有的东西都在涨价，这个时候他才会考虑给你涨工资，因为再不涨的话你可能就会走人了。

也就是你的工资上涨是在整个传导链的最末端，通常会延迟18～24个月，别人都涨完了，才轮到你。这就是为什么很多人经常觉得物价涨了，但是工资没涨，其实它不是没涨，只是还没传递过去。

换一个角度呢，意味着在这18～24个月里，你所有的储蓄是在持续贬值的。

这个时候你不是应该开心，而是应该有危机感，要意识到之前的损失，要想办法把这些财富保护起来。

怎么保护呢？刚刚讲了这个传递链，请问怎么利用这个传递链，来保护自己的积蓄呢？

答案是换到第一链条。

既然是从上往下传递，那我就换到上游去，换成资产，换成稀缺不可超发的优质资产。

对普通人来说，什么是优质资产呢？

房产。

一、二线城市的核心房产。

对普通人来讲，首先，保证安全性，安全性必须高，不可以有大的波动，不能像股票那样过山车。其次，能抗通胀，靠什么抗通胀呢？稀缺。货币超发，它不超发，才能水涨船高。再次，你要借助趋势，利用贷款，因为贷款意味着稀释负债，意味着借来的钱贬值,意味着你可以更快一点。最后,它没法作弊,你没办法复制出来一个核心的城市,你没办法复制出来顶尖的商业、顶尖的医疗、顶尖的学校。

普通人要有危机感,要未雨绸缪,要利用趋势。

踏踏实实买对一套房,足以胜过任何花拳绣腿的投资。

房产税到底难在哪儿

为什么房产税提了这么多年,一直没有出台?

网上甚至有一种阴谋论,说是不是在故意拖啊?不就是收个税吗,怎么会十多年都没出来呢?

很多人想得太过简单,对房产税的难度和复杂度一无所知。

那些觉得收税简单的,你就问他三个问题:收谁的,怎么收,收多少?

第一个:收谁的?

有人说,收有房子的呀,可房子分很多类型的。比如现在有很多非商品房,带有福利性质的。比如20世纪出现的房改房、集资房、单位福利分房,位置都非常好,价格也非常高,但是房主年纪都很大了,很多是靠退休工资、养老金来生活的。你只看房价,确实很值钱,但是这些老人可能一个月也就一两千的养老金,省吃俭用了一辈子,几毛钱都得讨价还价,买菜的塑料袋还得攒起来当垃圾袋。你说征税的话,他们该怎么办?

有人说，简单啊，收商品房的不就行了？

可没那么简单，你要知道，之所以叫商品房，就是房主在买房的时候已经缴过一笔巨额的土地出让金了。好，问题来了，没有缴过税的不收，缴过税的反而要收，这于情于理都很难说得过去的。

而且人家买房的时候说好的70年产权，税也缴了，突然再出来一个税，很多人会接受不了。

第二个：怎么收？

具体一点，是按套数收，按面积收，还是按总价收？

按套数的话，有些人在小县城有好几套，有些人在北上广只有一套，但这一套比那好几套加起来还要贵。如果按套数收的话，就会出现没钱的要缴税，有钱的反而不缴，似乎不合理。

按面积的话，有的人的总面积300平方米，但他只有一套房子自己住。有的人的总面积270平方米，但他有三套房子，每套90平方米。如果按面积收的话，房子少的要缴税，房子多的反而不用缴，似乎也不合理。

按总价收的话，就又回到开头的问题，很多大城市的老头老太太，他们是本地人，房子买得早，很破很旧，但是位置很好，价格也非常高。比如1000万的房子，收0.5%的税，一年就是5万，一个月就是4000元，可老人家一个月的退休金还不到3000元，你让他怎么缴，把房子卖了缴吗？

第三个：收多少？

收税，就要定一个标准，可是标准是极难制定的。收多了，很多人会承受不了；收少了，又很难替代土地出让金。

我们知道房产税的一个重要目的是替代现有的土地出让金，用存量税来代替增量税。

可难点就在这里，你要是收高了，很多人承受不了。工薪阶层一个月几千块钱，花了一辈子的积蓄买了一套房，每天加班加点拼命还房贷，本来压力就很大了，突然再加一个税，很多人是承受不了的。

要收的话，是要考虑到一个基本的保障的，比如第一套免征或者某个面积之内免征，而且就算征收，税率也不能太高，不能成为大家的沉重负担，可这又会导致一个新问题，收税太少，很难替代土地出让金。比如有两个城市已经开征房产税了，分别是上海和重庆，但是从试点效果来看，占到地方财政收入的比例极低，这样的情况下，想用存量税代替增量税，就非常非常难。

房产税到底难在哪儿？清楚了吧。

买房能不能抗通胀

未来通胀还是通缩？

贷款买房抗通胀，你有没有想过这话有什么问题？

你怎么就那么确定，将来就一定是通胀呢？你怎么那么确定，将来的货币就一定越来越多呢？而且就算货币越来越多，根据费雪方程式，也可以降低它的流动性，也就是说，货币增加不一定会带来通胀，也有可能带来通缩。

这个都没弄清楚，你就去贷款买房，30年的时间去慢慢还，你就不怕掉坑里吗？

这句话直接问蒙了很多人，好像有道理啊？未来是通胀通缩都不清楚呢，我就先假定通胀了，而且一背就是30年房贷，万一要通缩了呢？你怎么就那么确定，未来30年不会通缩呢？

万一通缩了，那我不就亏大了。

请问这个问题，要怎么回答？

很好回答。有两个版本：1.0 的初级版和 2.0 的高级版。

先说 1.0 的，很多博主其实都说过了，你可以从货币政策、经济走势，还有国际贸易综合来分析，得出结论，未来是通胀的，没错。

你也可以告诉他费雪方程式用错了，因为他连 m 几都没搞清楚。可是这些都不重要，虽然可以证明，但是不重要。

因为当你试图证明的时候，策略上就已经落下风了，因为你必须在他的框架里二选一。

而我们今天要来一个更高级的证明，2.0 的。

就是不管通胀还是通缩，还是既不通胀也不通缩，贷款买房都是对的。

先想一个问题，什么是胀，什么是缩？所谓的通胀通缩要基于一个基准，这个基准就是纸币。

只要你拿纸币去计价，你就跳不开这个窠臼。计算来计算去，都在同一个维度下。

真正的问题在于，你没有看懂通胀通缩的本质。

你仔细想一个问题，一个通胀大环境下，可不可以同时也通缩，答案是可以。

最典型的例子就是手机，以前几年的工资买一部大哥大，现在一个月收入可以买好几部智能手机，性能也提高了几十倍。虽然货币在增加，虽然很多东西在涨价，但是手机这些电子产品，是通缩的，是越来越便宜的。

同样的 5000 块钱，过一年，你会买到更好的手机。

为什么钱不值钱了,你买的手机反而更好了,因为摩尔定律降低成本远远超过了货币增加的速度。

每18个月价格就要便宜一半,但是货币增加,远远达不到这么快的速度。

所以就出现了万物都在涨,但是手机在降的情况。

好,请问这个故事的重点是什么?

四个字——"相对速度"。

所谓的通胀就是货币的相对速度快于消费品。

所谓的通缩就是消费品的相对速度快于货币。

通胀了为什么手机还能便宜,因为不是所有的东西都通胀,大家比的是相对速度。

虽然货币在增加,但是电子产品的增加速度更快,所以从手机的视角来看,依然是通缩。

无论什么东西,无非就是相对速度的比较。

明白了这个,再回归世界的本源。任何一项经济活动,无非是你的劳动换我的劳动、你的时间换我的时间。

那请问在这两个条件的制约之下,如果抛开货币,你真正应该换取的是什么?

答案是相对速度最低的。

最稀缺、最不可超发的生产要素。

也就是说,如果货币不超发,这个要素也一定要比货币更稀缺,才能在相对速度方面胜出。

这样才使得,哪怕是通缩的状态,它也比货币更稀缺,从而使得货币对它而言依然是通胀的。

请问是什么?

房产啊,一、二线城市的核心房产。

你想要发展机会吧,而发展机会一般在哪儿?大城市。

你想要好的医疗和教育吧,这些资源一般在哪儿?大城市。

你想要各种好的商业和服务吧,这些商业和服务一般在哪儿?大城市。

大城市还不行,你得有地方住吧,你不能睡大街吧,你不能上下班得花 5 个小时,打车去趟医院就花了 260 元路费吧。

于是多了第二个要素:位置、核心区,核心区才有价值。

人口迁徙 + 城市化进程,未来越来越多的人来到大城市,越来越多的人想在这里安家。可是核心区就那么大,核心区的资源就那么多,你说怎么办?

稀缺,持续稀缺,越来越稀缺。

稀缺,才有相对速度;稀缺,才能在和货币的竞争中胜出。

更进一步,为什么要贷款买房?

还是抛开货币,关注本质,你会发现,所谓贷款就是金融,就是时间换空间。贷款让你能更早拿到这份稀缺的资源,让你用不那么稀缺的货币来换取更加稀缺的生产要素,随着时间的推移,这些生产要素会更加稀缺,更加有价值。

你不稀缺,我稀缺。

你稀缺,我比你更稀缺。

你数量不变,我比你更少更难得到。

无论你是快是慢，我永远在你前面。

这个，才是问题的核心。

房贷越久，抗通胀的能力就越强

有人可能计算过，房贷一年的利率是 6%，这是固定的，可是你的房子一年能涨 6% 吗，而且就算它涨了，比如 8%，你不也才 2 个点的收益吗？

那你干吗不把买房的钱存银行呢？随时想取随时取，你要是买了房子，那可不是想卖就卖的，万一你急用钱，怎么办？

多简单的一笔账，难道自己没算过吗？

好，你告诉我，为什么贷款买房可以抗通胀，为什么？

这个问题能直接问蒙 99% 的人，如果你一眼就看出问题在哪儿，你非常牛，以后你和钱打交道，基本不会吃亏。

如果我说到现在，你还没发现哪里有问题，还需要暂停思考一下，那你可一定得看完以下内容，免得以后跟钱打交道的时候掉坑里。

这个说法从头到尾都是错的，为什么有这么大的迷惑性，因为它偷换了概念，而你毫无察觉。

举个例子，证明一块钱等于一分钱。

你知道不可能对吧，别着急，我给你证明一下。

一块钱 =100 分 =10 分 × 10 分 =0.1 元 × 0.1 元 =0.01 元 =1 分。

好，请问刚才那个等式哪一步有问题？

倒数第三步对吧，因为 0.1 元是不能和 0.1 元相乘的。

一个是单位，一个是价格，它偷换了这个概念。

明白了这个，你再回顾一下开头的问题，请问，它偷换了哪个概念呀？

偷换了利率，偷换了 6% 的概念，让你认为这两个 6% 是一样的。

还没明白？那我就分三步讲解，从 1.0 到 3.0。

先说 1.0 的，真实的利息并没有那么多。

具体一点，你用 300 万买个房子，首付 100 万，贷款 200 万，如果按 6% 的利率的话，那利息一年就是 12 万，一个月就是 1 万，到这一步没问题吧？

你要是点头，你又错了，有问题。每个月的还款并不是 1 万，而是一半多一点，大概 6000 元。

欸，怎么会这样呢？

来，你打开贷款计算器，输入 200 万，选择等额本息，选择 30 年，选利率 6%。

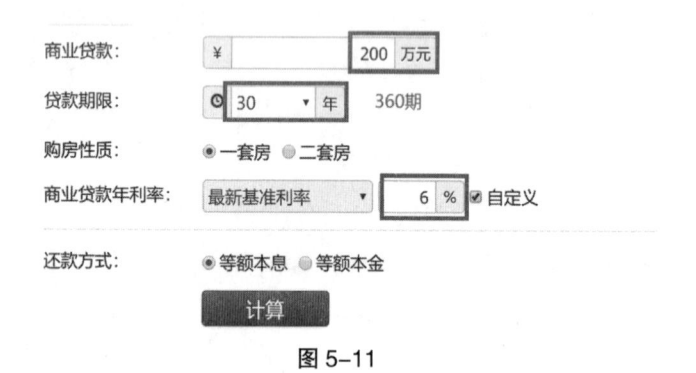

图 5-11

算一下总利息，除以 360 个月，每个月 6435 元。

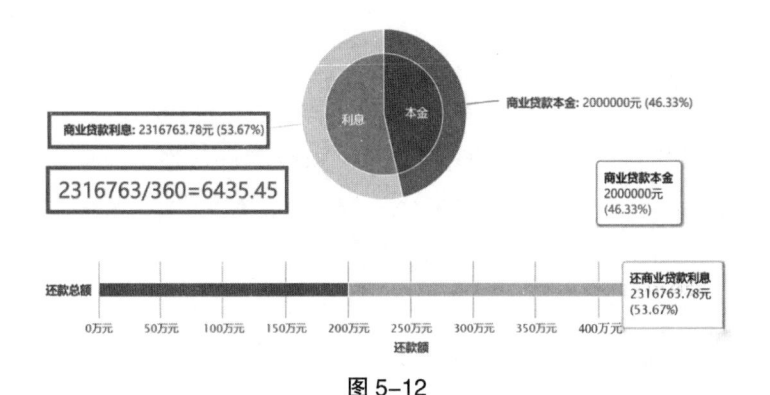

图 5-12

为什么变少了？

因为弄错了算法，所谓 1 万块钱利息，那是你把 200 万从头用到尾的，你到第 30 年才把 200 万一次性还清，可实际情况呢？是你每个月都在还利息和本金，导致本金不停地减少。

你看一下这个图，实际利用的本金只有一半，所以利息远没有那么多，大概比一半多一点。

图 5-13

这个时候就出现一个差距，房价不需要涨6%，就可以拉平利息。

然后是2.0，偷换基数。

同样是6%，贷款的基数和房价的基数是不一样的。

贷款利息6%，是200万的6%。而房价上涨6%，注意，是总价的6%，也就是300万的6%。同样的幅度，二者的数量级是不一样的。这下又拉开了差距。

这些都是鸡毛蒜皮，真正关键的是3.0，是指数递增和线性递增的落差。

利息是线性的，哪怕200万你最后一天还，利息也是不变的，每个月都是这么多钱，它不会出现利滚利的情况，它是固定的。

但房价不是，房价是指数级的，它的基数是在不停变大的。每一年的房价都是在上一年的基础上，再涨6%。

这是什么啊，这是单利和复利的区别啊。

一个是每年单利还款，一个是每年复利递增，你说，到底谁跑得过谁啊？

任何一本理财的书都会告诉你复利的奇迹，很多人背得滚瓜烂熟，但真正遇到的时候，居然视而不见。

复利的威力是巨大的，既可以用它保护财富，也意味着一旦你踏空，损失也是巨大的，因为通货膨胀也是以复利的形式来稀释财富的。

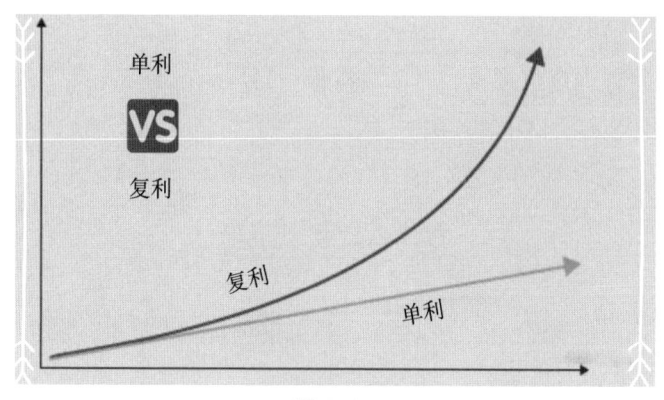

图 5-14

把复利考虑进去，再加上租金回报，房价只需要轻微上涨就足以抵消贷款成本。

换句话说，你的贷款成本在房价面前是忽略不计的，多出来的那一部分是帮你抵抗通胀的，是保护你的积蓄的。随着时间的推移，指数性的增长会远远超过线性的增长，而且时间越久，指数的优势就越大。

这就是为什么贷款买房可以抗通胀，为什么房贷越久，抗通胀的能力就越强。

明白了这一点，是不是意味着买房就一定没问题呢？不是的，买房是有前提的，你一定要买对房子，很多人买房亏，不是说利息让他亏，而是说标的让他亏。

如果买了我们之前讲过的几种类型的房子，就算一分钱利息不收，你也一样会亏。

贷款不会让你亏，贷款只会保护你的财富，亏只有一种，就是你买错了房子。

普通人想抗通胀，老老实实买一套房子，老老实实买住宅，老老实实买大城市核心区。

为什么贷款下不来

合同也签了，定金也交了，结果银行贷款没下来，请问应该怎么办？

答案是没办法，这种情况是不退定金的。

一定要记住：因为征信的问题，贷款下不来，所有的后果是由买房者承担。

比如说首付100万，想贷款买个300万的房子，给开发商交了30万的定金，结果是你的原因，银行贷款没下来。不好意思，这个和开发商没关系，30万定金大概率要不回来。

要么自己凑200万，全款买；要么凑不齐，那就认赔，定金拿不回来。

买二手房也是一样，定金不退的，你贷款下不来，你的全责。

看新闻上常有，这个是买新房的，定金不退；这个是买二手房的，赔对方定金。

你说这种情况那买家不是很吃亏吗，而且没贷款之前谁也不知道能不能批下来呀。

其实不是的，那些贷款没下来的，基本都有一个共同的问题，征信有问题。

最典型的是征信花和征信黑两个情况。

什么是征信花啊，就是查询次数太多了。

一个月查5次，两个月查10次，基本就是征信花了。

很多人不知道，你每次在新平台申请额度，哪怕没有实际用，也会留下征信查询记录。

为什么征信花容易导致贷款下不来呢？因为救急不救穷啊，你查询次数太多，银行可能认为你特别需要钱，在到处贷款，就容易导致批不下来。

更严重的是征信黑，绝对不要出现。

征信黑通常有两种，一种是按逾期频率：一年内连续三次逾期或两年内累计六次逾期，也叫"连三累六"，会被视为征信黑。

还有一种是按逾期时间：通常来说，90天以上的逾期，也是被称为征信黑的。

出现任意一个情况，贷款大概率是下不来的。

那么平时要怎么防范征信黑、征信花的情况呢？

以下四点请记好：

第一，半年自助查询一次，及时掌握信用状况。

第二，理性借贷，避免贷款记录过多。

第三，不逾期，不赖账，不相信付费修复征信。

第四，道听途说不要相信，及时向银行核实。

如果已经出现了这些情况，比如征信已经花了、已经黑了，怎么办？

如果征信花了，记住以下三点：

第一，在三至六个月内，不要再次查询，包括线上线下。

第二，不要点信用卡申请链接，也不要点网贷申请链接。

第三，有可能的话，重新换个手机号，使用半年以上，千万不要再逾期。

如果是征信黑了，就只有两步可以做：

第一，将所有欠款及时还清，越早越好，不要在征信记录上形成呆账和坏账。

第二，还清所有逾期记录后，等待五年，如果没有新的征信逾期发生，征信可以自动恢复。

一定要爱护征信，切勿因小失大。

万一信用卡逾期该怎么办？

"我真不是故意的，可有时候事多呀，一忙就给忘记了。明明记着5号要还信用卡，结果7号才想起来，该怎么办？你说要是因为这个上了征信，搞得我房子买不了，那我应该找谁说理去？"

如果你也有这种担心，那请你接着往下看。

先说结论，不是所有的逾期都会上征信，取决于你是不是以下这些情况，具体来说有容时和容差两种。

为了明白这一点，你得切换成银行的视角，如果你是银行，在处理逾期的时候，会遇到什么问题？

基数。你会发现用户基数大了之后，出错的概率就非常大。

很多人不是故意不还，而是真的忘了。而且有的人还不是一张信用卡，而是有好几张，每一张都得花精力记。有的是在微信查，有的是在 App 查；有的有短信提醒，有的没有，有的有提醒但可能信号不好没收到，各种乱七八糟的情况。

你可以记住某一次，但事情一多，时间一长，没有人能保证一次不漏。

你切换成银行的视角就会发现，不断有人违约，不断有人逾期，名单会一直增长。

好，遇到这种情况，最需要解决的是什么？

误伤。

征信严格当然好，但是你得防止误伤啊。既要识别出来真正的老赖，又要避免对正常用户造成困扰。

于是有了容时和容差。

什么是容时，就是宽限期。一般来说银行有三天左右的宽限期。比如我应该 5 号还，但是我真忘记了，我 8 号晚上才还的，没关系，不算逾期。

注意，不是所有银行都这样，有些银行宽限期三天，有的两天，有的甚至没有宽限期。

容差也是一样道理，它是宽限额的意思。比如我原本应该还 903 元，结果我记错了，只还了 900 元，没关系，一般不算逾期。

很多银行都会有一个容差的范围，从 10 元到 30 元到 100 元不等，具体可以到相应的银行查询。

有了容时和容差，就可以最大限度地避免误伤。

而你要做的，就是尽快还清欠款，最迟也要在宽限期之内。

有人问，万一我过了宽限期，还是没发现怎么办？

这就有点过分了，不能说都过了好几个月，你还没发现，这解释不通。要是可以这样的话，那就会有一大堆人钻空子。

如果你真的是有很特殊的情况，比如重大疾病或者交通意外导致逾期还款，你可以试着做非恶意逾期的证明，尽量提供完整的证据链证明你不是恶意欠款，银行也会酌情考虑的，但是希望你不要用到。

旅游地产谁买谁亏

旅游地产背后真相

最败家的方式从来不是买名贵的包包,而是克勤克俭半辈子,好不容易旅游一次,被人一忽悠,买了一套当地的房子。

旅游地产,谁买谁亏。

这么说吧,目前你能接触到的旅游地产几乎都是坑,今天我会跟大家讲讲旅游地产的真实现状,为什么旅游地产发展不起来,还有各种你想都想不出来的坑。

最常见的就是这种推销话术:你看我们这儿,风景多好,环境多棒,40万就能买个小两居,多值啊,40万你在一线城市只能买个洗手间。而且买了之后可以自住兼投资啊,房子是你的,随时过来随时住,不住的时候你往外租啊。你看这儿游客多少,将来增值了你把它一卖,还能再多赚一笔。

实际上呢?

第一，你看到的都是假象；第二，你根本租不出去；第三，你更不可能高价卖掉。

旅游地产最大的问题在于：只有景色没有配套，你看到的那些配套都是给游客配的，切换成居民角度，就是另外一个世界。

你觉得它好，是因为你从头到尾只待了三天，但是绝大部分旅游地产，因为气候、环境、饮食，根本不适合长期居住。你觉得它人多繁华，是因为你没看到它没人的时候有多荒凉，旅游地产的淡旺季极度明显，尤其我们国家，绝大部分人没有那么多假期，最长也就五一、十一和春节，大部分人都有家有工作，谁有时间天天去旅游？

你要说青山绿水可以养老，那就更扯了。因为养老最重要的是医疗、交通、购物这些基础性的配套设施。没有配套设施就不要谈养老，而配套设施恰恰是旅游地产的致命弱点。很多旅游地产都是远离市区的，它是村镇级的生活配套，一共就那几个商店，交通也不发达，你要说真遇到点什么问题，老年人摔了碰了或者心脑血管疾病，怎么办？有些地方车都不一定能打到，只能等120，而且就算去了县医院，也不一定有条件，万一再需要转院，怎么办？

老年人能这么折腾吗？你舍得把你爸妈送过去呀？

对于养老来说，医疗才是第一位的。医疗就像车里的灭火器，它可以不用，但是用的时候一定要有，绝对不能掉链子。

你见过哪个旅游地产说，我给你配个24小时医院的？

你说我自己逢年过节去住，不行吗？我换换心情，换换城市。

不好意思，也不行，你想得太简单了。

旅游地产是靠流动人口撑起来的，这就导致一到淡季就几乎没有游客，很多地方的入住率根本养不活那么多店铺，不要说大型的商场超市了，到时你想买个菜，都不一定能找到地方。而且人一少，很多班车都取消了，再偏远一点的交通工具就是三轮车，5块钱起步，你能接受吗？

就算你能接受，你也会发现房子还有一堆问题。

因为房子如果长期没有人住，它坏得很快，小问题会变成大问题，导致你的生活品质直线下降。

有些人买了避暑房，避暑胜地绿树成荫，结果冬天傻眼了，因为很多避暑房配套不全，有些只有空调没有暖气，有些连基础的水电气都有问题，甚至会出现水管在冬天爆管的情况。但是你没买，你不知道。

有些人买了海景房，面朝大海春暖花开，结果一住就傻眼了。海风潮湿含盐量高，年纪大一点腿脚就受不了，而且屋里的东西容易发霉，隔几个月再来，被子、枕头全长毛了。

你要是不处理，那它就继续发霉；你要是处理，那你过去的目的是什么呢？是度假还是去干活啊？

那你为什么不住酒店呢？住几天算几天，所有东西人家都给你安排好。

你这么想嘛，40万你存银行，一年也有几千块钱利息，利息你拿去旅游不好吗？想住哪儿住哪儿，干吗要把本金押进去呢？

哦，你发现有问题了，你后悔了，想租出去，不好意思，没人租啊。当地人都不缺房子,谁租你的?你说租给外地人,那谁帮你联系啊,谁帮你维护房子啊,你自己吗?而且外地人一年就那几天假期,就算租出去,都不够你交物业费的。

你说我想卖出去,那就更不可能了,谁买你的啊?旅游地产最不缺的是什么呀?是地呀,又不是一线城市,哪有什么寸土寸金啊,你想卖,得先看看有多少空房再说。人家那么多新房都没卖完呢,后面还有二期、三期在建呢,谁来买你的呀?最后只能砸在手里,自认倒霉。

为什么这么多人踩坑?因为从来没有人告诉他们,旅游地产的商业逻辑有问题。

做任何投资,看不懂商业逻辑,就一定会踩坑。

问题到底出在哪儿?

旅游地产商业悖论

为什么说旅游地产谁买谁亏？因为这个商业模型就是一个死结。

解不开这个结，买一个亏一个，没有例外。

我今天帮你解构清楚，为什么旅游地产在商业逻辑上很难成立。

什么是旅游地产，就是海景房、山景房、避暑山庄、文旅小镇、温泉度假村、分时度假养老地产等。

它涉及三个角色：业主、开发商，还有当地产业，你仔细看，每个角色都有问题。

先说业主，对于业主来说，分时度假根本就是伪需求，这是由我们的假期制度决定的。大部分人的假期都是有限的，而且你自己也不可能去住，因为你根本没有时间。

即便是海南，业主一年也最多用三四个月，其余的时间要么太热，要么去不了。而北戴河、东戴河这些海景民宿，黄金时间只有不到两个月，至于城市近郊，比如北京周边的司马台、门头沟这些山居房，能利用的时间就更少了。

业主们总以为自然景观稀缺，其实自然景观资源是最容易复制的。不论是长城脚下的小院，还是苍山洱海的别墅；不论是背山靠海的公寓，还是温泉入户的独栋，都不稀缺。

中介说海景房仅此一套，可是我们有18000千米的大陆海岸线。

中介说文旅小镇不可复制，可是每个小镇都有自己独特的历史。

就算你独一无二，我还可以开发避暑山庄、温泉度假、长城小院、雪山木屋，细分领域无穷无尽，永远有让你掏钱的办法。

在960万平方千米的土地上，没有什么旅游地产是不可复制的。

你买的不是稀缺，是开发商给你营造的稀缺。

而对当地而言，它也存在一个矛盾。旅游当然没问题，但旅游地产有问题。

你要知道，旅游地产所在的城市大部分是人口净流出的，因为这些地区对科技、互联网、高端制造这些高附加值产业吸引力不够。而当地为了发展旅游业，往往又会对不利于生态的产业有所限制，这就容易造成产业相对单一。很多当地人往往会从事和旅游相关的行业，比如餐饮、住宿等。而更多的人会外出找工作，这样就会进一步导致人口外流。

一个地方如果缺乏足够的人口和产业，就意味着当地的房价没有支撑，换句话说，你买的价格是虚高的。

而且经商的大环境也是问题，旅游地产的旺季人满为患，淡季无人光顾。这就导致很多人不愿在这边做生意，或者员工不稳定造成服务质量难以保证，甚至会出现淡季消费者有钱也买不到服务，旺季商家找一帮实习生过来帮忙的情况。这种钟摆式的大环境不是个体所能解决的，不要幻想说我自己可以过去住，前面我们完整讲过，你会遇到一堆问题。

对于开发商来讲，会面临一个鸡生蛋蛋生鸡的问题，就是旅游地产到底是旅游在先还是地产在先？理论上应该是旅游在先，旅游拉动地产，地产升值带来收益。可最少也得三五年吧，很多房企是高杠杆快周转的，项目周期一旦拉长，资金链就变成了一个非常严峻的问题。

就算开发商想做好，难度也不是一般的大。

比如当年排名前100的房企中有71家想做特色小镇，结果呢？运营下去的寥寥无几，更多的就是半死不活甚至空无一人的情况。

现实中，很多开发商往往是地产先行，先回笼资金再说。盖房子就是为了挣钱，什么文化不文化、风景不风景，那都是卖房子的噱头。

我不管你能不能发展起来，我先挣钱再说。

然后就会有一系列套路，各种你想都想不到的问题。

这些手段有多坑，我不说，你未必能看得出来。

旅游地产坑中有坑

"买旅游地产能挣钱。"这句话如果放到相声领域,应该能拿一等奖。

旅游地产到底有多坑,那得看你到什么级别。

先说最普通的,1.0。

中介告诉你可以自住,可以出租,可以转手卖掉。

但是他不会告诉你,自住的话基础配套根本不够,出租的话季节性极强,转手卖掉更不可能,因为旅游地产基本都是供过于求,永远在开发中,永远在卖新房。

判断一个地方能不能买,一个特别重要的诀窍,就是看周围有没有大型二手中介,比如链家、我爱我家,这些连锁中介选址非常严格,交易量不够它们是不会去的,它们就是风向标。但你看旅游地产呢,绝大部分中介都是个体商户或夫妻店,品牌中介几乎没有,就是因为没有交易量,撑不起来。

你买的时候,销售说:我们房子非常火,上一期开盘价 5000 元,这次 6000 元,下次开盘得 7000 元了,年底就开盘,你现在买,转手就能赚 10 万,你看,楼体都已经完工了。

你一交钱,又掉坑里了。

我们反复说,价格是三维的。人家卖 7000 元,是因为那是当地开发商的一手房,团队作战,专业配合。

但你要卖的话就只能找二手中介了,一问,对方开价 4000 元,您要是嫌便宜,还真别着急,前面 3500 元的还没卖呢,人家都挂半年了。

"接盘侠"都被大巴拉到售楼处了,谁去问你的二手房?

7000元是摆在那儿,但你永远也挣不到。

你要是恍然大悟,觉得套路深,别着急,还有更深的,2.0,售后返租。

您怕房子闲着,没关系啊,我们可以托管啊。我们帮您租,连锁公寓统一管理,租金到时候定期打给您,您自己都不用打理的。租金抵月供,到时候白得一套房啊。

总价100万,年回报10%,一个月给您打8000元,每年还能免费住一个月。

你一动心,又掉坑里了。

要知道,这种旅游地产往往都不是住宅性质,也就是贷款只能50%,而且最长10年。也就是贷50万的话,你一个月不是要还3000元,而是要还6000元,但开发商通常只会包租三年,三年之后呢?等你把房子收回来,你会发现,咦,怎么租不出去了。

当然租不出去了,因为根本就没人租啊。那开发商怎么租出去了?那是人家把70万的房子,100万卖给你,然后30万分三年返给你啊。

你每个月收到的,就是你当年交给他的钱啊。

那些能返钱的还算是有良心的,甚至有这种,你收到对账单,结果收益居然是负数,绝大部分都被电费和物业费扣掉了。

而更没有底线的,是3.0。

也就是1.0、2.0你至少可以拿到房子,至少房子是你的。

3.0 是你甚至拿不到房子，或者房子根本不是你的，比如小产权。

有些地方的产权是很混乱的，他们的用地不是国有的出让地，甚至连划拨地都算不上，就是当地农村的小产权。

严格来讲，就是违章建筑，不可能给你办下来产权证的。但是你不知道啊，你发现之后他各种推诿扯皮，你总不能三天两头请假去打官司吧？

你自己去搜一下，有多少景区的小产权房屋因为违规用地被拆除了。还有一些虽然没有产权纠纷，但是开发商实力不够或者经营不善，导致房子卖给你了，钱也收了，但是不能按时交房，最后破产清算了，你说怎么办？

想买旅游地产，记住八个字：买在哪里，砸在哪里。

怎样把房子卖个好价

找好渠道，加速售出

卖房子最愚蠢的一招就是降价，房子卖不出去，不是因为你的价格太高，而是因为你不知道这些技巧。

今天我会帮你解构清楚，怎样才能把房子卖个好价。

记住两点：好渠道+好产品。

你的房子为什么卖不出去？这个道理和做生意一样，为什么我的东西特别好，价格那么低，消费者还是不买账。

因为真正的消费者没有看到你，你看到的那些人都不是你的目标客户。

做生意的核心永远不是你的商品有多好，而是你能不能有效地抵达你真正的客户。

而操作关键，就在于流量。

只要信息传播足够广，你就可以把东西卖出去，哪怕是一堆牛粪，也能卖出一个好的价钱。永远记着，信息本身就是商品的一部分。

让你的潜在消费者知道你，甚至比商品本身都重要。

明白了这一点，你再看房子，为什么卖不出去？并不是你的房子不够好，而是你的房子曝光量不够大，需要它的客户找不到它。

凡事得从对方角度考虑，这套房子可能是你的唯一，对你来说无比重要，可对中介来说是这样吗？

他有几十个小区可以选，他有几百套房子可以卖，既然任何一套都可以赚钱，他为什么要先推你的？

是你的更抢手，还是你的提成更高啊？

想明白了这一点，你要做的第一件事，就是搞定渠道。

记住以下几个要点：

第一，扩大曝光面，找中介，能找多少找多少，不要懒，联系上附近5千米的所有中介，把房子的曝光面加大10倍。自己再注册几个账号，在同城信息网上发布消息，买个定期刷新功能，不要放过每一个死角，千万别抠，因为客户获取信息的方式千奇百怪，一定要全部覆盖到。

第二，新办一个电话卡，一定要新办一个。因为有一个矛盾点，卖房子之前你希望电话越多越好，问的人越多越好，一旦卖出去，你就希望再也别打扰你了。问题是，对方不知道啊，经常房子卖了半年了，还有人打电话过来，哥你那房子卖了没。所以一定要办一个新号码，让你在推广的时候马力开到最大，而且没有后续的烦恼。

第三，选定关键中介。中介和中介是不一样的，哪怕是同一个连锁店，不同的小组战斗力也完全不同。一定要学会找到最有战斗力的那个小组，而诀窍就是看关门时间，看谁晚上关门晚，别人都关门了，他们11点了还在那儿开会，这叫战斗力，这叫拼命，就找这种拼命的。你找对了中介，再难搞的客户都能给你拿下。

第四，激发战斗力。哪怕你找到了关键中介，他也得发自内心给你推才行，而最关键的就是利益。所以直接签协议，我标价200万，多卖10万，你拿1.5万；多卖20万，你拿3万，有多大能耐，你拿多少钱，我可以给你白纸黑字签协议。这叫聪明人，别人不这么干，你这么干。

更聪明点的，直接加微信再发个红包，可能不多，比如66块。但这个作用非常好，协议是长远的刺激，我知道提成多，可那不是以后吗？你在当前就得给他一个刺激，区区66块钱让你和其他卖家区分开，让他觉得你真的是有诚意，就冲这点，我相信你绝对不是那种为钱扯皮的人。

这样才能调动其积极性，才能让他把你的房子当成自己的房子去卖。

同样一件事，能不能发自内心来做，效果可以相差一万倍。

我有一个朋友，在苏州下面的一个三线城市，房子其实非常差，又老又破还没有电梯，但是他不仅卖出去了，还多卖了8万元。

就是因为他按照这些点操作，亲测效果非常好，你想卖高价，就一定试试这个方法。

赚钱，一定得超过竞争对手，绝不是你把信息放上去就行。

这就是渠道的重要性，有渠道，哪怕是牛粪，都能供不应求。问题是，你为什么要卖牛粪呢？为什么不做出化肥以十倍的价钱卖出去呢？

做好产品，包装你的房子

怎么把房子卖得贵？一个字——"扔"。

简单来说就是把你一个人能搬动的东西全部扔了，先扔干净再说。

千万不要自我感动，我在这个房子生活了八年，这是我们吃饭的地方，桌子有点旧，但用起来没问题。这是沙发，当时买的时候挺好的，我和我老婆组装了四个小时，现在就是有点塌，不好看但坐着没问题。

别别别，你觉得桌子有感情，你把它搬走。你觉得沙发是你和你老婆的回忆，那请你也把它搬走。有感情你就搬走，别留着，你觉得有感情，人家未必觉得。

这个叫自嗨，你得赶紧把这毛病改了。卖东西不能把自我的感觉当成对方的感觉。

你觉得温馨得不得了的那些东西，在下一个买家眼里，那就是脏兮兮的桌子，不知道多少人坐过的沙发，不知道用了多少年的电视机。所有的东西，都会暗示你的房子很老，很破。

所有的东西都在传达两个字——"廉价"。只要跟廉价挂上钩，基本就别想卖高价了。

简洁就是美，一定要收拾出这种底线感。

你要是租房，当我没说，因为租房的价差不会太多，人家也没打算住一辈子，你也没必要折腾。

但是卖房不一样，你必须得扔，因为买房是真金白银几百万，还得背 30 年房贷的，这些破沙发旧桌子，会直接击退客户的购买意向。而且人是怕麻烦的，你不扔，他可能也得扔，决策路径一长，他又放弃了。所以你干吗不提前扔呢？

扔干净了之后，你去二手市场，可以找到无数高品位的二手家具，你可以以极低的价格买到，然后瞬间把房子提高一个档次。说几个重点：

第一个就是沙发：一定要买一张好的二手沙发，而且二手沙发还便宜。

原价三五万的沙发，你几千块钱拿下，稍微找人保养一下，就和新的一样。

第二个是大件电器：比如冰箱、热水器、油烟机这些，换成进口大品牌的，还是买二手，便宜，非常便宜，而且人家给你弄得很新，你只要花点钱，装上就行。不是说崇洋媚外，这是降低信息成本。是让他在 0.1 秒之内，就得到一个暗示，这都是品牌的东西，这房东生活品位不低啊，这要我自己装可得好几万吧，这些东西之前那几个房子可都没有啊。

为什么要大件电器呢？因为显眼啊，厨房你得看油烟机吧，你得看热水器啊，你得打开冰箱看看吧。欸，开门的那一瞬间，就是往他脑子里灌输高价的一瞬间。

人是可以被暗示的，你去问他，是不是因为电器好才买的房子啊，他肯定说不会，我就觉得这房子好，真心喜欢。

这是可以搬动的，那些不能搬动的，也一定要同步处理。有什么脏的东西，赶紧处理掉，绝对不要留着，不要解释说这个东西是因为返潮了或者怎么着，不要废话、不要解释，直接处理。

什么墙上孩子画的画、卧室墙上有点渗水、天花板墙顶有点剥落，所有明显的地方，一定要全部重新弄一遍。

你的原则不是把它装修得有多好，而是不要让它显得有多差。

你不用选贵的，选基础的就行，都有成熟的方案，几千块钱，一个星期，就能让房子焕然一新。

记得把坏灯泡换一遍，最好加大瓦数。

有精力可以再加点简约的艺术画，往墙上一挂，装两盏射灯，格调又提升了。

这个时候你再去卖，从开门的一瞬间，注意看客户的微表情，你就知道，成了。

06

君子藏器于身,
待时而动

结婚不要去买钻戒

结婚不要买钻戒，要买你就去买个假的，千万别买真的。

这不是开玩笑，我很认真地在和你说。

一对刚结婚的小夫妻，省吃俭用去买一个真的钻戒，并且认为爱情会一生一世，这是极其愚蠢的。

你没有意识到，所有你认为对的东西，都是别人灌输给你的。

因为你在模仿上流社会，你觉得电视里的那些高端人士都是这么做的。

别闹了，世界不能简单放大。他能做，不代表你能做，你盲目模仿，就会伤到你最关键的东西——本金。

人家是个富豪，人家有几十个亿啊，钱多得花不完，他买一个3克拉、5克拉、10克拉的钻戒，都没有问题。因为无论他买多大的，他的消费都是很低的，不会伤到本金，不会导致他现金流断裂。他就算买10个，把手指全戴上，相对于投资的钱，也是毛毛雨。

但是年轻人不一样，你们刚进入社会，两人都没有什么钱，父母也没有太多积蓄，然后你们省吃俭用，把裤腰带一勒，去买了个钻戒。这一下，几年的工资没了。

这可是要了命的，犯了这个错误，你就是学 100 期小白理财，也赚不回来。

理财中最重要的原则就是不要伤本金，你们的本金本来就少，一共就那几十万，你还花个几万去买个钻戒。再折腾几下，本金就折腾没了。

结婚是两个人在一起，把两个人的钱加在一起，共同地去过日子，是为了把生活过得更好，而不是说过得更差，不是说把这个钱扔到一个黑洞里，然后就再也取不出来了。

买钻戒，就等于扔黑洞，没人要你的二手钻戒。

从经济上来讲，它完全没有流动性，它完全不是一个好的资产，哪怕买黄金都行，需要的话至少可以卖出去。更聪明一点的，是买房子。你们可以一起住，房子可以持续地增值，你们将来要过日子，要养孩子，要有各种各样的开销，这些钱可以以更好的形式存储起来，可以成为你们爱情的见证，并且可以成为你们以后婚姻道路上的财富保障，它会给你安全感，这才是更聪明的方式。

绝对不是把它换成一个在你手里要全价买、到别人手里就得打三折的东西。

从爱情上来讲，爱情和钻石没有一毛钱关系。爱情是执子之手，与子偕老；爱情是相濡以沫，相互扶持；爱情是不离不弃，生死相依。不是说地下挖出来的一堆碳元素,切一切就代表爱情的。

没有钻石就没有爱情,那只能说明你们原本就不是爱情。

婚姻最重要的是什么?是共识,是在最关键的地方达成一致。如果你们两个都是刚起步,在一个大城市共同奋斗,那么你们最大的共识就是把你们仅有的这一点钱转化为更有效的资产,而不是在一个虚无缥缈的事情上寄托所谓的爱情。

寄托不是不行,寄托的前提是,代价得低到忽略不计。

越没有钱,越需要勤俭节约,越需要精打细算,越需要把握最关键的权重,把钱花在刀刃上。

绝对不应该去模仿富人,去盲目消费。

本金,只能让人穷一时。

诛心,可以让人穷一世。

什么是高质量储蓄

每个人都会储蓄，但是有几个人会思考这个问题——到底什么才是高质量的储蓄呢？

银行存钱是高质量吗？不是。

基金理财是高质量吗？不是。

股票定投是高质量吗？也不是。

对大多数人来说，真正的高质量储蓄，是月供。

就是你老老实实买一套房子，还月供就等于存钱，而且是更高质量的存钱。

不可能吧？月供里很多都是利息啊，怎么可能是存钱呢？欸，别不信，我今天给你讲清楚。

先说什么是低质量，低质量就是我努力地储蓄，储蓄了很多钱，但是最后发现没什么用，比如说我们父母那一代。

非常克勤克俭，所有的东西都是省着用，不舍得吃不舍得喝，你带他去旅游他也不舍得。最后呢，他发现利息是拿到了，但是购买力大打折扣。

以前十块钱能买 10 斤猪肉，现在多拿了两块钱利息，也只能买三两。

什么叫低质量的储蓄，就是你省吃俭用到最后，居然还少买了 9.7 斤肉。

因为你真正要关注的，并不是数量，而是购买力。

低质量的储蓄的问题在于，第一步就走错了。

任何事情，应该先确定方向对不对，再确定努力够不够。储蓄的第一要义，是选对一个好标的。

而最重要的一个标准就是稀缺，不可超发。

你仔细想，所有的商业无非就是你的劳动换我的劳动，你的东西换我的东西。

那怎么让我的东西更值钱呢？答案是把我的劳动换成不可超发的那些，比如一、二线城市的核心房产。

你要去大城市上学，你将来要在这儿安家，你想找一个好的工作，将来父母养老想找个好点的医院，这些资源是不可超发的。

也就是城市再怎么扩大，核心资源是没办法同步扩大的。

当现有科技无法突破物理界限时，承载位置的这些房产，就越来越重要。

你要做的是，在有能力的情况下，尽早贷款买一套一、二线城市的房产。

一方面，这是一个优质不可超发的资产；另一方面，贷款帮你空间换时间，让你更早享受到居住的便利。

明白了这个，你就知道，还月供就是在储蓄，是一种高质量的储蓄。它等于把你每个月的钱，置换成更加稀缺的资源存储起来，随着时间的推移，这些资源的价值会越来越高。

储蓄，不代表要以钱的形式存储起来，而是哪种资源更稀缺，价值更高，就把它转换成哪种。

所谓的利息，是拉长到30年的，相对于优质资产的增值，是忽略不计的。

我给你举个例子，20年前，上海的房价是3000元一平方米，100平方米就是30万。如果一家人在当时买了房子，贷款20万等额本息，按照5.8的利息，一个月还1173块5毛1，那么在今天，2021年，一个月还是1173块5毛1。

如果他当年选择存钱呢？这1000多块我存起来，吃利息，利滚利到今天，再加10万首付，能不能买回当年的房子？

一目了然。

也就是方向无误的前提下，月供不是在花钱，而是在帮你储蓄。

注意前提啊，是优质房产，尽量是一、二线城市的住宅。

如果你说我家里没有钱，我也凑不齐六个钱包，而且我刚毕业，一无所有。

那你就先不要买，因为这个时候，你真正要储蓄的是自己。

不要去买消费品，不要贪图吃喝玩乐，要勤俭节约，把有限的钱储蓄到自己的知识上，花钱去提升自己的能力和认知。

有了更强的能力，你的时间就能卖出更多的钱，比之前多10

倍、100倍、1000倍，同样也是空间换时间。

　　储蓄的形式有很多种，所有的高质量储蓄，都是把有限资源放到最重要的那件事情上，无一例外。

怎样正确对待金钱

怎样才能成为一个有钱人？在问出这个问题之前，你得先学会如何对待金钱。

你对待金钱的态度，在很大程度上决定了你能不能成为一个有钱人。

第一，不要仇富。

一个仇富的人是永远不可能变富的，因为你都把钱当敌人了，怎么可能挣到钱呢。

如果你只是仇别人变富，不仇自己变富，那就是人格分裂，这种人会一事无成。

对待富的态度，应该是学习。如果有人之前和你一样，但是后来通过自己努力富起来了，不要忌妒，不要仇视，而是应该分析学习。研究他的方法策略、研究他的财富密码、研究他的思维方式、研究他有什么不一样的地方，为什么他可以变富、他到底做对了什么、他创造了什么价值？他变富之前是什么样、他吃了哪些苦，我到底能不能做到？这才是你要关注的。

至于他有多少钱，一点都不重要。

第二，不要拜金。

钱很重要，但不是最重要的。

不要成为金钱的奴隶，不要觉得有钱就了不起，不要觉得挣钱的目的是骄奢淫逸。

不能为了钱没有底线，不能为了钱放弃尊严，钱是干干净净挣来的，不是坑蒙拐骗得来的。

钱不是最终的目的，只是自然而然的结果。

如果你想挣钱，你最应该想的是，你能创造什么价值，你能给这个社会做点什么。

有钱人说：我对钱不感兴趣。你不要以为是一句笑话，是真的，只是你没有理解。

但凡能轻易实现小目标的人，他挣钱的目的都不是让数字再多一点，而是满足内心的价值、满足自我的价值、满足自己的想法变成现实的那种快感。

我创造了一个产品，每个人都觉得好，每个人都在用，我想让它更好一点，我想让更多的人用起来。

想挣大钱，得有远见。

所有挣大钱的人，目的都不是挣钱。

如果你只为了挣钱，那你就一定挣不了大钱。

第三，不要享乐。

我听过最愚蠢的一句话就是：如果你有一个亿，你会怎么花？

是买迈凯伦 12C 还是买法拉利 599 呢？要不两个都买了吧。哎呀，有钱的感觉真的太好了，想买啥买啥，想住哪儿住哪儿。你要是这么想，那就一辈子也挣不到钱。

因为你没有挣过这么多钱，你才会觉得有钱人这么生活；你没有经历过那种一贫如洗到身家亿万的过程，才会觉得钱从天上掉下来应该这么花。

我告诉你，大部分有钱人都非常艰苦朴素，相比普通人，他们更坚忍、更勤奋、更能吃苦、更有远见卓识、更懂精打细算，他才会成为有钱人，否则他不可能过去那个坎儿。

没有人是睡着懒觉就被一个亿给砸中了的。

你看他很有钱，但这些钱更多是证券化的财富，是对未来财富的预期。所谓 100 个亿，不是真的有 100 个亿，而是估值，是他要努力勤奋让公司有更大的前景，才值这么多钱。

很多有钱人在生活中非常节俭，早上可能就是一屉小笼包、一盘咸菜，外加一杯豆浆，也吃得干干净净。孩子要是敢剩饭，那是直接要开骂的。

这种严格的家教，这种艰苦朴素的作风，是不管你有多少钱都不可以丢的。只有这样的观念才能让你守住财富，绝对不可能吃一碗倒一碗。

赚钱难，守钱更难。

你看到的是豪车、别墅，你看不到的是这些东西在他的资产里占的比例都非常小，小到可以忽略不计。

这些是为了让他更好地工作，而不是说他工作的目的是买豪车、住别墅。

有钱了你才会明白，物质财富都不重要，精神财富才是第一位的。

为了精神追求，我可以每天吃糠咽菜，日夜无休，这就是富人。

那种幻想有钱之后怎么享乐的，一辈子也发不了财。

德不配位，必有灾殃；人不配财，必有所失。

越没本事，越搞关系

越没本事，越喜欢搞人际关系。

敬酒的时候该说什么？领导在场要怎么讲话？同事之间要注意什么？

迷恋这些的人，没有一个是有本事的。

他们对社交的理解，刚一抬腿，就跑偏了。

首先，他觉得社交可以拓展人脉。

其实不对，人脉是果而不是因。你得先有能力，别人才愿意跟你交往，而不是你加了别人的电话号码，你俩就建立了关系。

你就算有5000个老板的电话号码，在他们眼里，也不过就是个跑腿的小刘。

你拍他马屁，他乐呵一下；你求他办事，那可是千难万难。

通讯录不是人际关系，没有深度的交往毫无价值。

社交可以解决触达，唯独解决不了深度。

深度，是要靠价值去换的。

价值，是要自己去提升的。

其次，他觉得社交可以遇到贵人。

每一个懒人骨子里都有这个想法：我一无是处、我毫无特长、我啥也不会。如果我对这个老大好一点，他觉得我人不错，我给他擦个皮鞋，他就开始栽培我，像干儿子那样。

你知道《蜘蛛侠》为什么火吗？

因为不需要努力啊，一个平淡无奇、啥也不会的人，不小心被蜘蛛咬了一口，一夜之间就变成超人，甚至连吐丝的练习都没有超过三分钟，就能飞檐走壁拯救世界了。

蜘蛛侠如果换个接地气的名字，我觉得应该是《我的贵人叫蜘蛛》。

人生哪有什么贵人，如果非要说有，那就是你自己。

因为"贵人"有一个悖论，谁来定义"贵"？

贵和好坏一样，它不会写在脸上，是要你自己去判断的。

世间道理千千万，你怎么知道哪一条才是对的？你怎么知道哪个人讲的才是有道理的？

这个才是真正的重点。

一旦你决定跟随他，就说明你已经有了一个连你自己都没有意识到的元能力——判断。

你会判断对错，你能识别贵人，你才愿意死心塌地地跟着他。

否则，他一开口，你可能就直接飙脏话了。

你想想，20年前，在杭州的一个破民房里，一个小个子嚣张地说我们要干到世界500强，你想不想把简历摔他脸上？

你觉得他对，是因为你自己刚好到了那个层次，你能理解到他的深度。

不是他选中了你，而是你挑中了他。

你觉得他是伯乐，其实钥匙就在你自己身上。

别老是贵人贵人的，先想想自己的判断力够不够。

别老是人脉人脉的，先想想自己的价值大不大。

站直了做人，别老跪着。

不要搞错种子用户

你说,什么样的人做生意,基本上会以失败告终呢?

有没有什么办法可以提前看出来?

有,你就看一个细节,就是那种在朋友圈里让亲朋好友帮转发的。

只要有这个动作,十有八九会黄。

看似不起眼的小动作,反映的是四个致命的问题,尤其是最后一个,它无解。

第一个问题,流量思维有问题。做任何生意最大的权重都应该是新增的流量,不是你的自有流量。只有新增1万、10万、100万个用户,才可能产生100、1000、1万个付费。有了基数,再去衡量投入产出比,去微调去优化,才会有赚钱的可能。

海足够大,才能捞到鱼,指望你那点小池塘,是没用的。

你说朋友也可以帮忙啊。

这就涉及第二个问题,利益。商业是互惠互利的,任何合作,都要先想一想对方能获得什么好处,而不是说你是我朋友,你帮我是应该的。

人家凭什么要帮你转发呢?你是给人提成还是怎么样?他转发了之后有什么好处啊?

说服一个成年人,首先想到的应该是利益,人家能得到什么好处。

你说我这东西便宜啊,我原价 800 块的美甲,我能给他优惠 100 块呢。

没用的,原价都是自己定的。你看那路边的打折,不都是说原价多少多少钱吗,消费者信吗?

你说原价 800 块,可它到底值 800 块还是 500 块还是 300 块,谁知道呢?

然后就牵扯出了第三个问题,信任关系,你在消耗信任。

你为什么会这么去做啊?

因为你觉得容易啊,都是朋友嘛,大家给个面子,我生意就做起来了。

谁能保证你的东西一定好呢?如果你的东西真的好,为什么不去市场上推广呢?为什么要在朋友圈里发呢?大概率因为折算下来,你竞争不过那些产品,才需要通过消耗朋友关系来提升一点业务量。

换句话说,你是在占别人便宜。

万一你做得不合适,人家到底是说好还是说不好呢,是继续来啊,还是不来啊?看上去你是多了点生意,背后折损的都是你的社交关系。

大家都是熟人，没必要撕破脸皮，吃一次亏以后就不来了，看破不说破嘛。

那最后的结果就是，你觉得你在反复地发，为什么大家都不来，为什么不给我面子？

在对方看来，人家可能早就在心里把你拉黑了。

第四点，也是最重要的一点，它存在一个悖论。

你的朋友关系如果真的很强大的话，你就不至于到现在还是从零开始，到现在还在朋友圈转发一些小生意赚钱。

如果你需要通过这样的小生意来挣钱，说明你的朋友也都是一些普通人，他没办法给你提供更多的增量。

不是说转发不对，而是你得清楚转发的目的。

你要找的是潜在客户，而不是透支你的亲戚朋友关系，不是为了转发而转发，而是为了触达更多的用户才转发。

更多的时候，你的种子用户根本就不是他们，他们只是你的朋友而已，你们只是离得近而已，这两者根本不能画等号。

创业，要找到权重最大的那个变量，而不是哪里简单就从哪里入手。

更隐蔽的时间杀手

有什么东西比短视频更浪费时间,但是它太隐蔽,以至于你根本察觉不到呢?

都知道短视频刷起来根本停不下来,刷多了会有负罪感,放下手机两手空空一无所获,又感觉浪费了几个小时。

还有破坏力远超短视频的,只是它披着正义的外衣,以至于你完全没有负罪感,也完全意识不到。

它是谁呢?淘宝比价。

买个手机壳,这个也看看,那个也看看,想挑一个性价比最高的。

买一件衣服,这边也挑挑,那边也比比,各种种草视频都看一遍,想把每一分钱用到极致。

一不小心几个小时过去了,东西还是没挑好,还有很多地方不清楚,再等等,有时间继续比。

半夜睡不着,打开手机,这个也看看,那个也看看,到底该买哪个呢？再想想。

各种评论都看一遍，各种攻略都反复阅读。

然后终于选中了一个。

这种事情比短视频还要危险，因为刷短视频你是有负罪感的，但是比价你没有负罪感。你会告诉自己，我在省钱，我不是白白浪费时间，我很辛苦，我知道把每一分钱都花在刀刃上。

别，这就是你一直没有钱的原因——不懂取舍。

省钱没有问题，每个人都要省钱的，可省钱是有方式的，省钱的前提是你的精力无限多，你的时间无限廉价，你才可以去省钱。

可你不是机器人啊，你晚上得睡觉啊，你可能还得教育孩子，第二天可能还得上班或者有个重要会议，还要做好职业规划、财务规划。在这些情况下，你在手机上花大量的时间看攻略，反复地对比，就是为了确定一个500块的东西和一个400块的东西，中间的100块钱到底值不值，那就非常愚蠢。

省钱是有前提的，就是你省钱的收益应该大于它的付出。比如买个房子、买辆车子，总价非常高，频次非常低，出错的代价非常大，这些东西值得你投入大量时间反复对比、反复了解，没有问题。

可是你仔细观察，大部分我们需要对比的是那些零零碎碎的生活用品，比如锅碗瓢盆，自拍杆、手机壳，充电宝到底用一万毫安还是两万毫安的，要便携还是要容量，带无线充电还是不带无线充电。

这种东西是无限多的，结果就是你的时间永远不够用。

它耗费了你的大量时间，让你觉得忙忙碌碌无比辛苦，为无足轻重的事情操碎了心，让你永远处在一个决策疲劳的状态当中，重大决策稍微犯点错，就足以吞噬你所有鸡毛蒜皮的收益。

人，最重要的是心力，是时间。

可以再生的，都不值钱；不能再生的，才是顶级珍贵的。

一定要改掉这个毛病，一定不要总是比价。

不要说钱少就需要节省。

节省是有方式的，我可以告诉你两个更好的方式：

第一，退货。利用退货机制，同时买几个可能的商品，现场拆开现场感知，直接知识和间接知识是不一样的，你看一万个评测，也比不上你自己亲自试一下。如果它有退货机制，你可以同时买几个，然后对比后挑出一个最好的，而你要付出的成本，微乎其微。

这个方式可以让你避开间接信息的误差，帮你节省出宝贵的精力。但它依然是一个下策。

更好的策略是第二个，买贵的。你没听错，就是买贵的，要么不买，之前的东西将就用。你仔细想想，哪有什么东西是刚需到你必须得买，不买就活不下去的。没有，一个都没有。

大部分都是可买可不买的。

要么就别买，要买就买好的。什么是好的？贵的就是好的。

什么是好吃的餐馆，排队人多的就是好吃的。你去簋街吃小龙虾，有的门口一个人没有，有的排了三排足足得等一个小时，你去那个排队人多的,一定好吃。

买东西也是,同样的东西如果卖得比别人贵,还有不错的销量,那就一定意味着它在综合方面更胜一筹。

它当然可以作弊,但作弊也是需要成本的,就算你作弊挣到钱,也会有千千万万的模仿者拉平利润。

任何商品,永远都是一分钱一分货。

你要是觉得占了便宜,那一定就是贱卖了时间,只有你自己没发现。

聪明,是有维度的,千万别做最低维的那一个。

一生中的三种机会

每个人都想抓住机会,每个人都想改变命运,可你要知道,机会是有权重的。

有的机会,从你出生那一刻,就注定要错过。

有的机会,一辈子就那么两三次。

有的机会,随时随地都有。

规划人生的第一步,是先分清楚机会的层级,知道哪些必须抓住,哪些可以放弃,哪些就算得不到也无所谓。

其实,人生所有的机会无非三种:一是命运,没法改变。二是战点,仅有几次。三是机遇,源源不断。

什么是命运?

就是初始值。

你出生在哪个城市?是繁华的大都市,还是偏僻的小乡镇?

你父母是什么样的人?是当地的首富,还是普通的工薪阶层?

你是个什么样的人?有没有帅气的外表、过人的智力、惊人的悟性？

这是命运，你没法改变。

你得承认，我们的天赋和资源是不一样的，起点是不一样的，总有人不那么聪明，总有人不那么好看，总有人的家底不那么雄厚，总有人的父母是普普通通的人。

这些你都可以释怀，因为真正重要的是战点。

所谓战点，就是战斗的机会。

为什么初始值那么让人沮丧，因为你没有战点，你所有的初始值都是父母给你设定好的。

但是战点给了你一个逆天改命的机会，而更强的战点是你有幸生在中国，生在一个40年都高速发展的中国。

除了中国，你找不到第二个这样的国家。

有这么大体量的，没这么稳定；有这么稳定的，没这么快的速度。

相比没落的欧洲，你在一艘高速行驶的大船上，从这个角度来讲，你的初始值再差，也比其他国家的年轻人幸运得多。

日本年轻人按部就班、死气沉沉；欧洲年轻人大量失业，核心资源都掌握在老年人手里。

几乎没有任何新兴科技和新兴行业，新人永远颠覆不了老人，你出生的唯一选择，就是按照他们给你定的规则，按部就班地生活。

只有在中国，你才会遇到最多的战点，而你要做的就是主动改变命运，主动寻找战点最多的地方——大城市。

很多人根本没有看懂大城市的真正价值，不是高楼大厦，也不是地铁轻轨，这些根本不重要。大城市的真正价值在于，它有更多的机会，有更优秀的人，有更超前的商业模式，这些都会潜移默化地塑造你，让你形成不一样的视角，看到别人看不到的东西。

久而久之，你会形成不一样的人生观和世界观。

而你要做的就是，买一张车票。

父母所赐，没法改变，但是人生战点，可以主动发掘啊。

一生当中真正能决定命运的，无非就是选城市、选职业、选志同道合的另一半。

这几步走对了，就足以甩开大部分人，这就是战点。

而第三点呢，是机遇。

哪怕你前两点都很一般，也千万不要自暴自弃，因为机遇是无穷无尽的。

在这个层级，永远没有机不可失，时不再来。

你会发现历史在不停地重复，你错过了一个风口，马上会有第二个，错过第二个，马上会有第三个。

开服装店你错过了，没关系，电商来了，重新给你一个机会。

电商你没挣到钱，没关系，微商来了，再给你一次机会。

微商你也没挣到钱，没关系，短视频来了，再给你一次机会。

纵观人类的发展历史，无非就是高效代替低效、新行业取代旧行业，你往前翻50年、100年，都是这样。这就是最大的公平，它会不停地把所有人拉回同一起跑线，会不停地给之前错过的人一次新的机会。

新人怎么超过老人,当然是换赛道啊。

只有在今天的中国,才有这么多赛道给你。

中国的高速发展,使得这个周期被大大压缩,效率更迭比以往任何时期都要快。

而你要做的,就是学习,不停地学习,不停地提升,不停地寻找,总有一个机会可以抓到。

你没必要做巴菲特,没必要比肩比尔·盖茨,也没必要像乔布斯一样等到一个改变世界的机会,大多数人都不是天才,也没有那百年不遇的机会。只要持续努力,持续学习,笃信知识的价值,笃信坚持的力量,你就一定可以比大多数人都幸福。

命运,没法选择。

战点,擦肩而过。

但是机遇,无穷无尽。